I0504447

Du machst Karriere – du Rabenmutter?

Ohne schlechtes Gewissen deinen Erfolg genießen

Cornelia Stessl

DISCLAIMER

Die Inhalte dieses Buches wurden mit größter Sorgfalt erstellt.
Für die Richtigkeit, Vollständigkeit und Aktualität der Inhalte kann ich jedoch keine
Gewähr übernehmen.

Dieses Buch enthält Links zu externen Webseiten Dritter, auf deren Inhalte ich
keinen Einfluss habe. Deshalb kann ich für diese fremden Inhalte auch keine
Gewähr übernehmen. Für die Inhalte der verlinkten Seiten ist stets der jeweilige
Anbieter oder Betreiber der Seiten verantwortlich.

Die verlinkten Seiten wurden zum Zeitpunkt der Verlinkung auf mögliche
Rechtsverstöße überprüft. Rechtswidrige Inhalte waren zum Zeitpunkt der
Verlinkung nicht erkennbar. Eine permanente inhaltliche Kontrolle der verlinkten
Seiten ist jedoch ohne konkrete Anhaltspunkte einer Rechtsverletzung nicht
zumutbar.

Bei Bekanntwerden von Rechtsverletzungen werde ich derartige Links umgehend
entfernen.

Du machst Karriere – du Rabenmutter?
Ohne schlechtes Gewissen deinen Erfolg genießen!

1. Auflage: April 2015
Lektorat: Katrin Mallener
Covergestaltung: fiverr.com/manish414
Cover-Titelbild: © Foto Fischer, Herrengasse 7, 8010 Graz
Copyright © 2015: Mag. (FH) Cornelia Stessl, Hasendorfer Straße 41/5, 8430
Leibnitz, www.corneliastessl.at
Alle Rechte vorbehalten.
ISBN-13:978-1511690423
ISBN-10:1511690429

Widmung

Für meine beiden Kinder Lukas und Susanne

Inhalt

Danke!

Danke an meine beiden tollen Kinder Lukas und Susanne!

Von euch beiden durfte ich so viel lernen.

Ich genieße unseren Zusammenhalt und unser offenes, ehrliches Miteinander. Ich liebe es, mit euch zu lachen, mit euch zu sprechen und euer Tun zu beobachten. Ich bin sehr stolz darauf, dass aus euch so bodenständige, selbstständige und glückliche Erwachsene geworden sind.

Lukas, du warst von klein auf der Charmeur, der jede Frau mit seiner Fröhlichkeit und Höflichkeit um den Finger wickelte (das kannst du heute auch noch). Ständig brauchtest du Abenteuer und Aktion, langweilige Sportarten waren nichts für dich! Manchmal waren wir jedes Jahr im Krankenhaus, um wieder irgendetwas zusammenzuflicken.

Von dir lernte ich Vertrauen, Gelassenheit und das Zugehen auf Menschen. Ich habe einfach von dir abgeschaut, wie du das immer gemacht hast! Dort, wo du bist, ist es stets lustig. Du hast eine bemerkenswerte Art, in negativen Ereignissen noch das Positive zu sehen.

Susie, du kamst auf die Welt und warst da! Du warst nicht zu überhören und hattest sofort alle Aufmerksamkeit, die dir zustand. In den ersten Jahren brachtest du mich oft an meine Grenzen, bis ich endlich bemerkte, dass du mir nur einen Spiegel vorhieltest.

Von dir lernte ich, mich durchzusetzen, meinen Wert zu erkennen, meine Meinung zu vertreten und Nein zu sagen.

Du hast so eine tolle Mischung aus Herzlichkeit und Durchsetzungskraft. Mit deiner Art schaffst du es, während eines Gewitters trotzdem die Sonne scheinen zu lassen!

Was findest du hier?

Schön, dass du durch dieses Buch blätterst. Solltest du gerade nicht wissen, ob es für dich das Richtige ist, dann lies kurz weiter.

Dieses Buch ist für alle Mütter geschrieben und für Frauen, die es werden wollen und noch nicht so genau wissen, was denn auf sie zukommen wird.

Hier ist die Mutter die Hauptperson und nicht das Baby, obwohl wir Mamas das ab dem Tag der Geburt anders wahrnehmen und auch empfinden. Für uns ist das Wesen, um das es sich dreht, das Baby, das Wichtigste überhaupt. Dabei vergessen wir aber oft eines: Wenn wir Mamas umfallen und vor lauter Hektik und Schlafmangel einen Schreianfall bekommen, ist auch niemandem geholfen.

- In diesem Buch geht es also hauptsächlich um **DICH**, um die Mutter dieses kleinen Wesens, das dir ordentliche Freude bringt und dich trotzdem ab und zu in den Wahnsinn treibt.
- Es dreht sich hier auch um die Entscheidung, ob du mit Kind wieder arbeiten gehst oder nicht. Diese Entscheidung kannst du nur alleine treffen. Du kannst dich mit deinem Partner oder, wenn du keinen hast, mit Freundinnen beraten, entscheiden musst du dann selbst.
- Du wirst hier auch ein paar Tipps finden, wie du dich im Job als Frau leichter tust und wie du dich auch dort selbstbestimmt entfalten kannst. (Das passt allerdings für alle Frauen, auch für die, die keine Kinder haben.)
- Und ich werde darauf eingehen, wie du es schaffst, trotz Doppel- und Dreifachbelastungen eine gute Mutter zu sein (im Sinne von: „Eine gute Mutter schaut, dass es ihr gut geht, damit sie in der Kraft bleibt und nicht in ein Burnout fällt").

Was dieses Buch nicht ist:

- Es ist keine Wegbeschreibung, wie du Berufstätigkeit und Familie unter einen Hut bekommst – sondern ein Anstoß für dich, mit Motivation und Kraft die Sache selbst in die Hand zu nehmen und somit nach und nach dein schlechtes Gewissen abbauen zu können.
- In diesem Buch wirst du auch nicht finden, ob es genug Betreuungsplätze für dein Kind gibt oder ob du es bei Oma und Opa oder einer Tagesmutter unterbringen sollst.

Dieses Buch ist in drei Teile gegliedert:

Erster Teil:

Hier dreht es sich um dich als Mutter. Du bekommst Impulse, um zu erkennen, wo du als Mutter stehst. Stellst du dich an die erste Stelle? Weißt du, wie wichtig du bist? Oder hast du dich vielleicht sogar vergessen?

Wie schaut es mit deiner Wertschätzung dir selbst gegenüber aus? Leidest du vielleicht sogar unter dem Mutter-Teresa-Syndrom oder bist du eine „faule" Hausfrau, nur weil du zu Hause nicht immer alles so sauber hast, dass ihr vom Boden essen könntet? Weißt du, was du willst, wie deine Zukunft ausschauen soll, und weiß dein Partner auch davon?

Bist du der Meinung, dass Haushalt nur Frauensache ist und dass ein Mann das nicht kann? Nimmst du deshalb gleich alles selbst in die Hand, weil er nicht so perfekt ist, oder kannst du Hilfe annehmen?

Zweiter Teil:

In diesem Teil betrachte ich Themen aus der bezahlten Arbeitswelt. Egal ob du in Teilzeit arbeitest, selbstständig bist oder eine Führungsposition hast oder diese anstrebst, auch hier ist es wichtig zu wissen, was dir selbst wichtig ist.

Es zählen nicht die anderen, sondern alleine du. Wenn du weißt, was du willst, und du deinen Wert erkennst, dann wirst du mit Doppelbelastungen viel leichter fertigwerden. Machst du dich sichtbar, oder versteckst du dich lieber, um nicht aufzufallen? Vertrittst du deine Meinung, oder passt du dich lieber an? Bist du das brave, nette Mädchen oder setzt du dich durch?

Was kannst du von deinen männlichen Kollegen lernen? Und was von deinen Kindern? Deine Kinder sind deine Lehrmeister, wenn du es zulässt, und obwohl die Zwerge sich noch nicht um Beruf & Co kümmern, können sie dir bereits sehr viel zeigen. Du musst nur achtsam sein!

Dritter Teil:

Um wirklich in deiner Kraft zu bleiben, darfst du nicht dich und deine Bedürfnisse vergessen. Es ist wichtig, auf die Stimme in dir zu hören, auf deinen Körper, und dir immer wieder Zeit für dich zu nehmen. Ich zeige dir ein paar Übungen, die du immer wieder in deinen Tag einbauen kannst. Manche sind sehr kurz und trotzdem effektiv.

Wie du nun schon gemerkt hast, wende ich einfach das freundliche „Du" an. Nicht, weil ich generell jeden duze, nein, das tue ich nicht. Manchmal ist ein „Sie" für mich sehr wichtig und ich komme mir immer echt komisch vor, wenn mich eine junge Verkäuferin, die meine Tochter sein könnte, einfach mit „Du" anspricht. Ehrlich gesagt komme ich mir nicht nur komisch vor, es stört mich wirklich. Vielleicht bin ich da etwas altmodisch, aber irgendwie passt mir die Distanz, die ein „Sie" vermittelt, einfach besser.

In diesem Buch möchte ich jedoch keine Distanz vermitteln. Hier habe ich mich, wie auf meinem Blog (www.corneliastessl.at), für das „Du" entschieden, und zwar, weil es hier um sehr persönliche Themen geht und meine eigene Geschichte darin verpackt ist. Ich möchte ein Näheverhältnis aufbauen, um dir diese Themen von Herz zu Herz näherzubringen.

Was ich dir in diesem Buch vermitteln werde, sind hauptsächlich meine Erfahrungen. Es handelt sich hier nicht um ein wissenschaftliches Nachschlagewerk! Natürlich habe ich im Lauf meiner Entwicklung auch Unmengen von Büchern verschlungen und viele Workshops besucht. Vieles habe ich gelesen, was auch meiner Erfahrung entspricht, und einiges, dem ich nicht zustimmen kann. Was mir jedoch aufgefallen ist: Es gibt viele Bücher, in denen immer wieder ähnliche Erkenntnisse stehen, nur vielleicht etwas anders formuliert.

All diese Bücher, Workshops und Gespräche mit Freunden und Freundinnen waren mir gute Wegweiser, trotzdem kann nichts die eigenen Erfahrungen ersetzen und das eigene, tiefe Gefühl.

Ich möchte dich mit diesem Buch ermutigen, meine Sätze als Impuls zu sehen, und dich einladen, auf dein inneres Wissen zu hören. Ratschläge sind Ratschläge, Erfahrungen von anderen sind die Erfahrungen von anderen.

Du kannst dir herauspicken, was für dich passt, es muss jedoch nicht heißen, dass alles für dich richtig ist. Du bist du und du solltest auch wieder viel mehr zum eigenen „Ich" werden.
Wir sind darauf trainiert, auf Meinungen anderer zu hören, Ratschläge von Experten als richtig anzusehen und unsere eigene innere Stimme zu vernachlässigen.

„Folge nicht den Fußspuren der Meister: Suche, was sie gesucht haben."
Matsuo Basho

Meine innere Stimme war Gott sei Dank immer sehr stark, nur war ich selbst nicht immer in der Lage, dieser Stimme zu folgen. Ich nahm viel zu viel Rücksicht auf meine Umgebung und versuchte, mich anzupassen. Das macht dich jedoch langfristig nicht glücklich und irgendwann fängst du an, nur noch zu funktionieren.

Beginne wieder, auf deine innere Stimme zu hören, du hast das gesamte Wissen in dir, und wenn du Mutter bist, dann weißt du das auch. Du bist diejenige, die am Schreien deines Kindes unterscheiden kann, was ihm fehlt.

Du brauchst dein Baby nur anzusehen, und schon weißt du, ob es ihm gut geht oder nicht. Du spürst instinktiv, was dein Kleines braucht – du weißt, worauf ich hinauswill …

Lass dies immer wieder in dein Bewusstsein kommen und fang wieder an, das zu tun, was für dich stimmig ist.

Ein sehr gutes Werkzeug dafür ist Folgendes: Wenn du dir nicht sicher bist, dann setz dich hin, atme tief durch und werde ruhig. Dann stelle dir eine Frage (z.B. „Ist das in Ordnung?") und achte auf das Gefühl, das nach der Frage kommt. Wenn es sich leicht anfühlt, dann ist es für dich richtig, wenn du eine Schwere spürst, dann nicht.

Wenn du das täglich übst, egal wo, beim Essen, beim Einkaufen, beim Spielen mit deinem Kind, vor einem Gespräch mit dem Chef oder der Kollegin, dann wirst du das irgendwann automatisiert haben.

Teil I – An erster Stelle steht die Mama

Was willst du?

„Es ist nicht normal, zu wissen, was wir wollen.
Das ist eine seltene und anspruchsvolle psychologische Leistung."
Abraham Maslow

Wenn du einen Weg einschlägst, wäre es gut, wenn du weißt, wohin du gehen möchtest. Finde immer wieder heraus, wer du bist und was du möchtest. Nur wenn du selbst erkennst, wie dein Leben ausschauen soll, kannst du selbstbestimmt dein Leben gestalten.

So wie alle Wege Biegungen und Windungen, Unebenheiten und Steigungen haben, hat das auch dein Weg. Du wirst immer wieder gefordert, Entscheidungen zu treffen, alte Vorstellungen über Bord zu schmeißen, Altes aus deinem Rucksack zu entfernen und Neues aufzunehmen. Du wirst Stolpersteine auf deinem Weg finden, drüberhüpfen und manchmal auch nicht wissen, wie du einen Berg bezwingen sollst. Es kann sein, dass du ab und zu ziemlich aus der Puste kommst und manchmal die Sonne nicht siehst, weil sich eine Wolke davorgeschoben hat.

Du wirst Menschen treffen, die dich aufheitern, Kinder werden singen und lachen und dir eine Freude bereiten. Dieselben Menschen und Kinder werden dir jedoch auch immer wieder deinen Spiegel vorhalten, schreien, streiten, weinen und dich an deine Grenzen bringen. Dann vergiss nicht, immer wieder eine Pause einzulegen. Setze dich an den Rand deines Weges, betrachte, wie weit du schon gegangen bist, denke an die schönen Tage, die vielen Sonnenstrahlen, die wunderschönen Momente.

Mache eine Bestandsaufnahme: Bist du noch auf dem richtigen Weg? Wolltest du eine Abkürzung nehmen und hast dich dabei verlaufen? Solltest du vielleicht ein paar Schritte zurückgehen und eine neue Abzweigung versuchen? Wurdest du abgelenkt und hast kurzzeitig dein Ziel aus den Augen verloren?

Bist du vielleicht auch nur zu schnell unterwegs? Gehörst du zu den Menschen mit dem Motto: „Alles auf einmal und am liebsten sofort"? Vielleicht kannst du genau deshalb deinen Weg nicht genießen, weil du vor lauter Hektik die Blumen am Wegesrand nicht siehst?

Oder hast du dich vielleicht nur verzettelt, weil du so überperfekt sein möchtest?

Dein Leben ist ein Spiel und eine ständige Wanderung. Lass dich darauf ein und vergiss nicht, deine „Landkarte" fest in deiner Hand zu behalten und immer wieder einen Blick drauf zu werfen!

Die Übungen im dritten Teil können dir helfen, besser auf dich selbst zu achten und zu hören.

Wer ist nun die bessere Mutter?

Als ich meinen Artikel „Du machst Karriere – du Rabenmutter" in meinem Blog schrieb, wurde dieser auf Facebook ziemlich oft geteilt. Es gab die unterschiedlichsten Reaktionen. Was mich aber am meisten erstaunte, war die Schlacht, die manche Mütter unter sich austrugen.

Es wurde darüber diskutiert und geschimpft, wer nun die bessere Mama sei. Die einen waren der Meinung, dass es unbedingt notwendig sei, beim Kind zu Hause zu bleiben, die anderen wollten jedoch arbeiten und sahen darin die bessere Variante.

Mütter, die sich entschieden hatten, den Beruf aufzugeben und zu Hause zu bleiben, wurden beschimpft, den Staat auszunutzen, und die anderen waren die, die die Kinder vernachlässigten.

Für mich ist eines klar: Arbeiten oder nicht arbeiten zählt nicht zu den Kriterien, eine „bessere" Mama zu sein! Wer kann sich denn überhaupt anmaßen zu sagen, eine bessere Mama als die andere zu sein?

Beschimpfungen sind für mich meist nur ein Zeichen der eigenen Unsicherheit oder dafür, das eigene schlechte Gewissen zu überspielen: Finde ich andere, die ich beschuldigen kann, dann brauche ich nicht danach zu sehen, was bei mir im Argen liegt.

Hör auf, die Fehler immer bei den anderen zu suchen oder deine Lebensweise zu rechtfertigen. Es zählt einzig und alleine dein Lebenswunsch und die Familienkonstellation, die dir guttut. Wenn du dich als Mutter für das entscheidest, wofür du brennst, dann wird dieses Feuer auch dein Kind ergreifen und es wird glücklich und zufrieden sein.

Eine Mama, die ausgeglichen ist, überträgt das automatisch auf ihren Nachwuchs. Kinder wollen, dass ihre Mama glücklich ist, und sie fühlen sich verantwortlich, wenn sie es nicht ist.

Wenn du also arbeiten gehen willst, dann schau, dass du das einrichten kannst. Wenn du zu Hause bleiben möchtest, dann schaffe hierzu die Voraussetzungen!

Am wichtigsten ist die Versorgung der Kinder. Nur wenn diese gut versorgt sind, kannst du dich als Mutter auf deine Bedürfnisse konzentrieren und dich voll auf deine Wünsche und Bestrebungen einlassen.

Du als Mutter spürst am allerbesten, was dein Kind braucht, das kann dir keine andere Mama sagen und auch keine Ratgeber, in denen steht, wie es gemacht werden muss.

Ich habe zwei Kinder, die in den ersten fünf Jahren nicht unterschiedlicher hätten sein können. Wäre ich nach Erziehungsratgebern gegangen oder hätte ich bei meiner Tochter alles so gemacht wie bei meinem Sohn, wäre ich wohl komplett gescheitert.

Mit Susanne musste ich ganz anders umgehen, sie brauchte stärkere und konsequentere Grenzen als Lukas. Bei Lukas reichte oft ein Blick und er wusste: „Hoppla, jetzt bin ich zu weit gegangen", Susie interessierte das überhaupt nicht.

Sie war ziemlich stur und schrie sehr viel. Es half in dem Moment kein Trösten oder kein liebevolles In-den-Arm-Nehmen, auch Schimpfen und Wütendwerden half nichts. Am besten war es, Ruhe zu bewahren und ihre Wutausbrüche zu ignorieren. Sie brauchte das einfach, um sich auszutoben, um ihre Wut herauszulassen, und sie musste das durchleben dürfen.

Das war natürlich nicht immer ganz einfach, z.B. wenn wir gerade in einem Geschäft waren. Hätte ich nur Lukas gehabt und ein Kind so bei einer anderen Mutter schreien gesehen, hätte ich wohl gedacht, die könne mit dem Kind nicht umgehen. Ich hatte jedoch Susanne und da durfte ich lernen, nicht mehr zu urteilen. Meine Susie hatte so einen starken Willen, der war es wirklich egal, wo sie gerade den Schreianfall bekam.

Ich war nur froh, dass wir damals nicht in einer Wohnung lebten, sondern in einem Haus, wo weit und breit keine Nachbarn waren. Das erleichterte es um vieles. Ich konnte sie sich also austoben lassen, ohne ständig ein schlechtes Gewissen zu haben, was wohl die Nachbarn denken.

Was ich wirklich bei beiden gelernt habe: Begegne deinen Kindern mit Wertschätzung, Respekt, viel Liebe und Ehrlichkeit. Setze Grenzen und sei bereit, diese immer wieder zu erweitern. Vertraue ihnen und fordere sie! Gib ihnen immer wieder Aufgaben, die ihrem Alter entsprechen und übertrage ihnen Verantwortung für ihr Tun.

Fange nicht an, dich immer nach den Wünschen deiner Kinder zu richten. Fragen wie: „Wann soll ich dich denn heute vom Kindergarten abholen?" sind nicht zielführend. Sage klar und deutlich, wann du kommen wirst, und halte dich daran.

Verfalle nicht in den Irrglauben, dass sie dies und jenes nicht könnten, und räume nicht alle Steine aus ihrem Weg!

Du sollst nicht den Weg für sie bereiten, sondern deine Kinder auf den Weg vorbereiten – dann bist du wirklich eine gute Mutter, egal ob du immer zu Hause bist oder nicht.

Weiß dein Mann, was du willst?

Meine Kindheit war anders als bei vielen meiner Freunde. Meine Eltern hatten einen Legehennenbetrieb und eine große Landwirtschaft und dies verlangte ihnen viel Arbeit und Einsatz ab. Mama und Papa arbeiteten sehr viel und auch wir Kinder waren von klein auf involviert. Wir hatten nicht dieses typische Familienkonstrukt, wo der Mann das Geld nach Hause brachte und die Mama den Haushalt schmiss und die Kinder versorgte.

Bei uns kochte meine Oma und für die Hausarbeit hatten wir eine Angestellte. Dafür saß meine Mama im Büro, bediente Kunden und stellte die Routen zusammen, um unsere Kunden per Fahrverkauf zu bedienen. Viele dieser Touren fuhr sie selbst, mit dem Bus von Haus zu Haus oder von Gasthaus zu Gasthaus. Wir verkauften Eier und später auch Obst und Gemüse, was ein Haushalt eben brauchen konnte.

Bei einigen Fahrten war ich schon dabei, als ich noch nicht zur Schule ging, oder später in den Schulferien. Ich bediente ebenfalls die Kunden und begeisterte sie mit meinen Rechenkünsten. „20 Eier? 38 Schilling, bitte!" Ich freute mich, wenn ich Trinkgeld bekam, das war immer mein Taschengeld.

Für mich war von klein auf klar, dass ich einmal nicht „nur" Hausfrau und Mutter werden wollte, nein, ich wollte Karriere machen und ganz viel verdienen, Mann und Kinder haben, in einem schönen, großen Haus wohnen und eine Hausangestellte haben.

Das waren meine Wünsche und sie kamen mir ganz normal vor, bis ich meinen ersten Mann traf und mir das alles plötzlich ganz egoistisch und nicht erlaubt erschien. Trotzdem wollte ich meine Pläne nicht aufgeben.

Da es für mich so klar war, dass ich nie „Nur-Hausfrau" werden würde, sagte ich das meinem zukünftigen Mann auch.

Ich dachte, das müsse geklärt sein, da ich schon bei meinem ersten Freund gemerkt hatte, dass er der Meinung war, eine Frau gehöre nach Hause zu den Kindern.

Ich saß also mit meinem zukünftigen Mann auf einer Wiese und wir ließen uns die Sonne auf die Nase scheinen. Da wir uns erst kennengelernt hatten und schon nach 4 Monaten heiraten wollten (wir waren schwer verliebt und der Meinung, dass später nichts mehr aus dem Heiraten werden würde), sollten wir doch über grundlegende Dinge sprechen.

Ich wusste inzwischen, wie er aufgewachsen war, und ich kannte die Meinung seiner Mutter: „Eine Frau braucht eine Haushaltungsschule und muss kochen können. Außerdem ist sie für den Haushalt und die Kinder da, alles andere ist nebensächlich!"

So jung und naiv, wie ich damals noch war, und mit meinem Familienbild im Hinterkopf war es für mich klar, dass es bei mir anders laufen würde. Deshalb erklärte ich ihm, dass ich immer arbeiten werde. Für was hätte ich sonst meine Schule gemacht? Ich sagte ihm auch, dass mir Weiterbildung wichtig wäre und ich es im Beruf unbedingt zu etwas bringen wollte.

Er nickte und alles war klar. Für den Augenblick! Erst viel später begriff ich, dass wir unsere anerzogenen Sichtweisen nicht von heute auf morgen über Bord werfen können, auch wenn wir es im Moment vielleicht wirklich möchten. Mein zukünftiger Mann war in diesem Moment wahrscheinlich wirklich einverstanden, hatte aber auch ein ganz anderes Bild einer Familie im Kopf.

Ich wusste zu diesem Zeitpunkt noch nicht, dass ein sogenanntes „Eltern-Ich" eine sehr starke Kraft ausüben kann. Das „Eltern-Ich" ist das in der Kindheit von den Eltern übernommene Denken, Fühlen und Verhalten. Befindet man sich im „Eltern-Ich", bedeutet dies: Man denkt, fühlt und verhält sich in der Art und Weise, wie man es von seinen Eltern übernommen hat.

Wir heirateten also, ich arbeitete weiter, machte eine Ausbildung zur Bilanzbuchhalterin und neun Monate später war mein Sohn Lukas da. Für mich war es ganz normal, bis zum Tag der Geburt im Büro zu sitzen und die Buchhaltung zu machen. Ich wusste schon, dass es da einen Mutterschutz gab, aber im elterlichen Betrieb sahen wir das nicht so streng.

Wer sollte mir verbieten, dass ich arbeitete, wenn es mir ja gut ging? Außerdem hätte ich es gar nicht geschafft, nicht zu arbeiten, auch wenn ich gewollt hätte. Ich hätte ein sehr schlechtes Gewissen meinen Eltern gegenüber gehabt.

Meine Mama arbeitete auch ständig, auch wenn sie krank war und es ihr nicht gut ging. Mir ging es gut, ich war nicht krank, ich war nur schwanger.

Darum prüfe, wer sich ewig bindet

Dieses Sprichwort nahm ich damals nicht sehr ernst, ich lernte ja meinen Mann kennen und vier Monate später waren wir verheiratet. So jung, wie ich war, war ich der Meinung, alles zu schaffen. Nun, über 20 Jahre später, weiß ich, dass ich schon alles schaffen kann, aber auch oft sehr viel dafür geben muss. Denn für meinen Mann mit seinem familiären Hintergrund und seinem „Eltern-Ich" war es schwierig, seine ursprüngliche Zustimmung in der Praxis auch zu leben. Und damit war es für mich schwierig, meinen Weg immer konsequent zu verfolgen.

Möchtest du mit Kindern, Mann und Haushalt trotzdem noch Karriere machen, dann tust du dich auf alle Fälle leichter, wenn du einen Mann hast, der nichts dagegen hat, der vielleicht genauso denkt oder selbst einen Betrieb hat oder eine Führungskraft ist. Letzteres hilft jedoch auch nur, wenn er sich nicht eine „klassische" Familienstruktur mit Frau zu Hause wünscht. Es kostet sehr viel Energie, wenn du zusätzlich zur Doppel- und Dreifachbelastung, die du dir mit einer Entscheidung, wieder zu arbeiten, auflädst, ständig auch noch mit deinem Mann diskutieren musst, ob dies überhaupt notwendig ist.

Schlafende Kinder, das Haus sauber und aufgeräumt und eine Frau, die ihrem Mann beim Abendbrot gespannt lauscht, wenn er von seinen Heldentaten im Büro erzählt – das war, was zur Zeit meiner Hochzeit gang und gäbe war. Heute würde das sicher nicht mehr so gespielt.

Ich bin der Meinung, dass die Zeiten des Aufschauens vorbei sind. Partnerschaften auf Augenhöhe, neben- und miteinander, haben meiner Meinung nach mehr Chancen, langfristig eine tolle Beziehung zu bleiben.

Hat der Mann nun Verständnis dafür, dass du Beruf und Kinder in Einklang bringen willst, dann könnt ihr euch gegenseitig unterstützen.

Für mich war es damals auch deshalb schwierig, weil mein Mann fast nie zu Hause war. Er war beim Bundesheer und ständig irgendwo unterwegs. Er machte eine Ausbildung nach der anderen und war auch einmal ein ganzes halbes Jahr im Kosovo. Im Grunde war ich zwar eine verheiratete Mutter, aber auch oft alleinerziehend.

Auch wenn du nicht unbedingt eine Position in einer Führungsetage anstrebst, sondern einfach einem tollen Job nachgehen möchtest, ist es für dich viel besser zu schaffen, wenn du einen starken Mann hinter dir hast, der dich fördert und unterstützt.

Deshalb würde ich jeder Frau heute sagen: „Es reicht nicht, einmal kurz mit deinem zukünftigen Mann auf der Wiese zu sitzen und ihm zu sagen, wie du dir deine Zukunft vorstellst. Es könnte nämlich sein, dass das Gesagte nicht so bei ihm ankommt, wie du es gemeint hast. Das ist das Los der Kommunikation."

Besprecht detailliert und sehr konkret, wie ihr euch euer Leben vorstellt:

- Wenn Baby, wie lange Babypause?
- In der Babypause verdienst du nicht so viel Geld, wie macht ihr das?
- Ist der Papa auch bereit, in Elternzeit zu gehen?
- Wie wird euer Kind versorgt, wenn ihr beide arbeiten geht? (Gibt es Kinderbetreuungsplätze in der Nähe, habt ihr eine Oma oder einen Opa, die das machen würden, andere Eltern, Tagesmütter, Au-Pairs, Leih-Omis, Betriebskindergarten usw.)

Das hört sich natürlich alles nicht sehr romantisch an, ist aber gut, wenn es schon vor der Schwangerschaft geklärt ist. Du solltest nicht selbstverständlich davon ausgehen, dass die Oma und der Opa auf dein Kind schauen werden, weil die sowieso in Pension sind und sich sicher freuen würden. Es könnte nämlich sein, dass sie froh sind, endlich tun und lassen zu können, was sie wollen, ohne auf irgendjemanden Rücksicht zu nehmen. Sie haben die Kindererziehung schon hinter sich und wir müssen akzeptieren, wenn sie nun andere Pläne haben.

Froh und dankbar können wir sein, wenn sie sich dazu bereit erklären, die Sprösslinge zu übernehmen, während wir bei der Arbeit sind. Deshalb ist es unbedingt wichtig, dass du die Großeltern schon in deine Babyplanung miteinbeziehst und sie rechtzeitig fragst, ob sie sich vorstellen könnten, sich um deinen Nachwuchs zu kümmern.

Vielleicht kommt dir das alles seltsam vor, weil du gerade deinen Kinderwunsch hegst, und du somit in einer eigenartigen Stimmung und Vorfreude bist.

Wahrscheinlich kann dich im Moment sowieso nichts erschüttern und du würdest es mit allen Schwierigkeiten aufnehmen, die da so kommen können.

Also, ich habe diese Sachen damals überhaupt nicht besprochen. Bei mir ging sowieso alles so schnell und irgendwie wusste ich einfach, dass ich alles schaffen würde. Außerdem wollte ich im Betrieb meiner Eltern weiterarbeiten, das Büro lag im Haupthaus. Das waren für die ersten Jahre ganz andere Voraussetzungen.

Meinen Mann bezog ich in meine Überlegungen gar nicht so sehr ein, ich wusste ja sowieso, dass er nie in Elternteilzeit gehen würde. Er war damals auch noch sehr jung und mitten in seiner Karriereplanung. Für mich war es klar, dass er da jede Zeit für sich brauchte, die er bekommen konnte.

Ich wusste immer, dass ich wieder arbeiten gehen würde, ich wollte nie von einem Mann abhängig sein und im Fall der Fälle mich auch alleine um meine Kinder kümmern können.

Die Versorgung – nicht die vom Kind, von dir!

Meine Kinder sind ja schon groß und ich habe einiges erlebt. Zuerst Familie mit zwei Kindern, nach 15 Jahren alleinerziehend mit zwei Kindern und Neuanfang in einer neuen Umgebung und neuer Wohnung. Trotzdem würde ich nichts anders machen wollen. Die Ehe hat nicht gehalten, wir waren einfach zu verschieden und haben uns komplett anders entwickelt. Unsere Ansichten waren zum Schluss so konträr, als ob wir von zwei verschiedenen Planeten kommen würden.

Trotzdem machten wir das Beste daraus und erzogen zwei wunderbare, selbstständige Kinder. Da ich immer arbeitete und in der Zwischenzeit einen ordentlichen Job hatte, hatte ich nicht so große Probleme mit dem Neuanfang und war auch nicht auf das Geld meines Ex-Mannes angewiesen. Das erleichterte natürlich einiges. Es ist aber nicht bei allen Familien so, schon gar nicht, wenn du dich entscheidest, länger bei deinem Kind zu bleiben. Besonders, wenn du vorher einen Job hattest, der dich nicht glücklich gemacht hat, bist du geneigt, noch länger bei deinem Nachwuchs zu bleiben.

Für mich wäre dies, obwohl ich meine Kinder sehr liebe, nie eine Option gewesen. Zu sehr waren mir schon immer meine Freiheit und meine Unabhängigkeit wichtig. Denn Tatsache ist: Du begibst dich als Vollzeitmama in totale Abhängigkeit. Ich bewundere die Frauen, die es schaffen, ihren Beruf komplett für die Familie aufzugeben, mir tun sie dann aber auch sehr leid, wenn der Mann irgendwann entscheidet, eine andere Existenz aufzubauen. Oder wenn sie in einer ungeliebten Beziehung bleiben „müssen", weil sie kein Geld haben.

Versteh mich nicht falsch, es muss nicht immer so kommen und wenn du bei der Babyplanung bist, sollst du auch nicht unbedingt daran denken. Ich glaube aber doch, dass es gut ist, irgendwo im Hinterkopf zu haben, dass du dich vielleicht einmal zum großen Teil alleine um deine Kinder kümmern musst.

Nun bist du vielleicht bereit, deinen Beruf ganz aufzugeben, weil du einfach das Bedürfnis hast, dich voll und ganz der Familie zu widmen, weil es deine „Berufung" ist und du dir gar nichts anderes vorstellen kannst. Du bist bereit, eine Vollzeitstelle zu Hause anzutreten, die vollen unentgeltlichen Einsatz bedeutet, und du bist mit deiner Entscheidung glücklich und zufrieden. Gratuliere, dann soll es so sein.

Dann könntest du dich jedoch mit deinem Mann zusammensetzen und mit ihm gemeinsam überlegen, eine zusätzliche Altersvorsorge für dich, für diese Zeit zu Hause, abzuschließen.

Es ist nämlich amtlich, dass Frauen, die lange zu Hause sind, dadurch eine Versorgungslücke in der Pension droht. Auch wenn du für die Familie nur Teilzeit arbeitest, kann das zur Altersarmut beitragen.

Da ihr sowieso vorhabt, bis an euer Lebensende miteinander glücklich zu sein, könnt ihr das angesparte Geld ja dann im Ruhestand für gemeinsame Reisen ausgeben.

Zwischen Windeln, Wäsche und eigenen Wünschen

Dein Kind ist da und alles, was du dir vorher vorgenommen hast, was du alles tun und nicht tun wirst, ist vergessen. In erster Linie zählt nun der kleine Spatz, den du da in den Armen hast, und der möchte gefüttert, geliebt, gestreichelt und umsorgt werden. Die schlaflosen Nächte zollen ihren Tribut und du bist in einem Zustand der Dauermüdigkeit gefangen.

Trotzdem empfindest du alles als halb so schlimm, weil dein Körper und dein ganzes Sein sich wie über Nacht auf den Nachwuchs eingestellt haben. Du verbringst eine schöne, aber auch anstrengende Zeit mit deinem Kind und lernst die Welt neu kennen. Sie ist plötzlich viel bunter, lauter, nerviger, fröhlicher usw. Die gesamte Palette der Emotionen und Gefühle ist plötzlich präsent.

Die ersten Monate hast du so viel zu tun, dass du kaum zum Nachdenken kommst, aber irgendwann kommt die Zeit, wo dein Ego um die Ecke lugt und dir zu verstehen gibt, dass du vor der Geburt deines Kindes noch ganz andere Ziele hattest. Wolltest du nicht wieder zurück in den Beruf? Wolltest du nicht trotz Kind Karriere machen? Wolltest du wirklich nur Hausfrau und Mutter sein?

Wenn diese Phase anfängt, solltest du dir Zeit für dich nehmen. Schaffe dir etwas Ruhe, ziehe dich ein wenig zurück und atme tief durch. Wie eingangs in diesem Buch erwähnt, erinnere dich an dein inneres Wissen, an deine Stimme, dein Gefühl. Der Wunsch, wieder zu arbeiten und dein Kind zeitweise in die Obhut anderer Menschen zu geben, könnte von deinem Ego kommen und muss gar nicht mehr stimmen. Ja, vielleicht war das immer deine Meinung, aber bevor du Kinder hast, hast du oft irgendwelche Gedanken, die sich dann mit Kind verändern.

Fühle also in dich hinein und stelle die Frage, ob der Wunsch für dich noch passt.

Hast du ein gutes Gefühl dabei, dann triff eine Entscheidung, hast du kein gutes Gefühl, dann bist du noch nicht dafür bereit und das ist auch gut so. Vielleicht ist der richtige Zeitpunkt noch nicht gekommen.

„Sei dir deiner Kräfte, Bedürfnisse und Möglichkeiten bewusst,
dann wirst du auf dem Weg, den du beschreitest,
immer einen Gefährten haben.“
Sprichwort aus Tibet

Soll ich oder soll ich nicht? Die Entscheidung

Zuerst kommt die Entscheidung! Oft kommt es vor, dass du dir etwas wünschst und auch tief in dir drin spürst, dass es so für dich richtig wäre. Du möchtest z.B. unbedingt in den Job zurück und du weißt auch, dass du das schaffen kannst. Trotzdem triffst du die Entscheidung nicht. Du findest selbst eine Menge Ausreden, um diese Entscheidung nicht zu treffen. Das Kind ist noch zu klein, die Tagesmutter ist mir zu teuer, wer weiß, zahlt es sich aus, mein Mann mag das nicht, was werden die Leute denken usw.

Ich habe in meinem Leben sehr viele Entscheidungen getroffen, manche jedoch erst Jahre später, obwohl ich sie schon früher spürte. Warum passiert uns das? Weil wir alle Angst vor den Konsequenzen haben. Treffe ich die Entscheidung, dann muss ich auch etwas verändern.

Warum bleiben wir oft in einer ungeliebten Beziehung jahrelang hängen oder bleiben in einem Job, der uns krank macht? Weil wir Angst davor haben, was die Entscheidung, diese Situation zu verändern, auslöst. Wir fürchten die Konsequenzen und sind (noch) nicht bereit, diese zu tragen.

Irgendwann geschieht dann eine Kleinigkeit, das gewisse Etwas, das das Fass zum Überlaufen bringt und wir wissen plötzlich, dass es nun so weit ist. Wir treffen die Entscheidung, die dann oft so stark ist, dass niemand sie verändern könnte.

Hattest du schon einmal so ein Gefühl? Du wusstest bis in die kleinste Zelle deines Körpers genau, dass die Entscheidung richtig war. Du wurdest ruhig, es gab keine Angst mehr, nur ein Wissen, das dich durchströmte. Niemand konnte dich davon abbringen, diesen Weg nun zu gehen, und dir war es plötzlich völlig egal, was die Nachbarn sagen.

Wenn du so starke Entscheidungen triffst, dann kommen sie aus dem Herzen und du wirst dadurch den nachfolgenden Weg viel leichter gehen, Schwierigkeiten einfacher meistern und Stolpersteine überspringen.

„Der Anfang ist die Hälfte des Weges."
Sprichwort aus Korea

Der Anfang ist die Entscheidung!

Was bin ich bereit zu geben?

„Der Anfang deiner eigenen Entwicklung liegt in dir selbst."
Ying-An

Bevor eine Entscheidung getroffen wird, versuchen wir es oft mit Ausreden, Jammern, Opferverhalten und Träumen. Dafür müssen wir unsere Komfortzone nicht verlassen und nicht aktiv etwas unternehmen. Das bringt uns natürlich nicht weiter, sondern nur tiefer in die Unzufriedenheit. Wenn du neben Kindern auch noch in deine Karriere investieren möchtest, dann erfordert das Mut, Kraft, Zeit und Geld. Geld für die Kinderbetreuung, evtl. für eine Reinigungskraft, die dir im Haushalt hilft, und für deine Weiterbildung. Dafür musst du bereit sein, ansonsten werden deine Träume wohl Träume bleiben.

Du hast nun die Entscheidung getroffen, wieder in den Beruf zurückzukehren. Idealerweise ist dein Mann damit einverstanden und du hast einen guten Betreuungsplatz für dein Kind gefunden. Wenn du alleinerziehend bist, ist es noch wichtiger, dass die Kinderbetreuung passt, damit du so frei wie möglich deiner Arbeit nachgehen kannst. (Auf Ausnahmen – Krankheit, Läusebefall, „Nicht in den Kindergarten gehen wollen"-Phase usw. solltest du zumindest mental vorbereitet sein).

Dir ist klar, dass es Schwierigkeiten geben könnte, dass nicht immer alles so reibungslos laufen wird. Du kannst alles super organisieren und planen und trotzdem kann plötzlich alles anders sein. Die größte Herausforderung, die ich erfahren durfte, war jedoch nicht, alles unter einen Hut zu bekommen und für jede Situationen gewappnet zu sein, nein, die größte aller Herausforderungen war **ich** selbst mit meinen Glaubenssätzen und meinem Ego!

Das Ego möchte dir nämlich immer eine Wahrheit zuflüstern, die nicht unbedingt deine Wahrheit sein muss. Wenn dir jedoch noch nicht bewusst ist, dass dies ja gar nicht deine Wahrheit ist, dann nimmst du sie an und stehst dir selbst am meisten im Weg.

Die Glaubensätze wie z.B. „Eine gute Mutter ist immer für die Kinder da", „Du versäumst so viel, wenn du nicht da bist!", „Die braven anderen Mütter werden über dich reden!" usw. usf. wurden wohl irgendwann in mich eingepflanzt, vielleicht habe ich das auch gehört und für wahr gehalten. Keine Ahnung, auf alle Fälle sind solche Prägungen äußerst lästig und blockierend.

Wie kannst du diese Prägungen wieder loswerden? Frag dich einfach immer wieder, woher diese Gedanken kommen. Sind es deine oder kommen sie von außen? (Eltern, Nachbarn, Lehrer, Freunde usw.) Erkennst du, dass sie von außen kommen, kannst du spielerisch mit ihnen umgehen. „Ah, du bist auch schon wieder da? Na, möchtest du mir wieder Gesellschaft leisten? Wie geht es dir denn heute?" Wenn mein Ego es ganz bunt getrieben hat und mich in totale Zweifel manövrierte, dann stellte ich es mir wie ein rosarotes Schweinchen vor, das vor mir tanzte und mit dem Schwänzchen wackelte.

Am meisten lernte ich hier jedoch von meinen Kindern. Ich beobachtete sie die ersten Jahre eingehend, wie sie sich verhielten und was sie so dachten. Da gab es keine Glaubenssätze und kein Ego und das war sehr erfrischend. Wenn sie etwas wollten und bei mir kam hoch: „Nein, das kannst du ja nicht machen …", sagte ich zu mir selbst „Stop" und fragte: „Und warum nicht?". Meistens kam ich dann drauf, dass dies gar nicht meine Meinung war.

Karriere mit Kind – ohne schlechtes Gewissen

Im vorigen Kapitel habe ich darüber geschrieben, wie du deine Prägungen loswirst. Wenn du immer wieder hinterfragst, wo diese herkommen, und du erkennst, dass es nicht deine eigenen Vorstellungen sind, dann wird sich auch das schlechte Gewissen mit der Zeit verringern. Ganz werden wir Mütter das wohl nie wegbekommen, ist aber auch nicht notwendig.

Wir sollten zumindest so weit kommen, dass sie uns nicht mehr blockieren. Wenn du ein schlechtes Gewissen hast, dann strahlst du das meist auch aus und deine Kinder spüren das sowieso. Du überträgst dann deine innere Unruhe auf die Kleinen.

Dieses schlechte Gewissen kommt meist ganz unterschwellig daher und nimmt dich in Beschlag, so als ob es sich still und leise anschleichen würde und nur darauf wartet, auf dich niederzufallen. Je nachdem, wie deine Tagesverfassung ist, trifft es dich stärker oder schwächer. Am häufigsten kommt es daher, wenn du etwas anders machst, als von dir erwartet wird.

Wie kannst du es nun loswerden? Bevor du etwas loswirst, musst du es erst mal annehmen. „Ach, du liebes schlechtes Gewissen, bist du auch schon wieder da?" Gesteh dir einfach ein, dass du ein schlechtes Gewissen hast, das ist o.k. Du musst nicht bewerten, ob es richtig oder falsch ist.

Werde dir klar, dass ein schlechtes Gewissen niemandem hilft. Dir nicht, deinen Kindern nicht, deinem Partner nicht und Arbeitskollegen auch nicht. Es quält dich und blockiert dich nur.

Meine Susanne sagte mir in der Volksschule einmal: „Du, Mama, brauchst gar kein schlechtes Gewissen zu haben, du hast mehr Zeit als alle anderen Mamas!" Zu allen wichtigen Anlässen war ich da, ich habe keine einzige Veranstaltung versäumt, meine Kinder hatten fast nie das Gefühl, dass ich keine Zeit gehabt hätte.

Wenn dein schlechtes Gewissen wieder einmal anklopft, dann kannst du auch noch deine Bewertung hinterfragen. Wie bewertest du selbst dieses Gefühl, das da bei dir hochkommt? Wie bewertest du dein Verhalten? Was würdest du gerne verändern? Ist das schlechte Gewissen überhaupt gerechtfertigt oder nur anerzogen?

Sehr oft zeigt es dir nur den Weg zu mehr Selbstfürsorge dir gegenüber!

Beim „Bewerten" geht es um Werte, um deine und um die Werte der anderen. Wenn du nun mit einem schlechten Gewissen kämpfst, dann stoßen meist zwei Werte zusammen, z.B. Pflichtbewusstsein bei der Arbeit und Zeit-haben-Wollen mit dem Kind. Oder Weiterbildungswunsch und Pflichtbewusstsein im Haushalt. Brav und angepasst sein und Spaß mit Abwechslung usw.

Es gibt einige Bedürfnisse, Wünsche und auch anerzogene Werte, die immer wieder aufeinanderprallen. Werde dir deiner Werte bewusst und versuche, dich in dein Gegenüber hineinzuversetzen. Sobald dir selbst klar wird, welche Werte deine sind, was dir wichtig ist, entsteht eine innere Klarheit. Dann kannst du selbst abwägen, wo du ganz bei dir bleiben möchtest und wo du Kompromisse eingehen kannst.

Dadurch, dass du dann selbst weißt, was du eigentlich willst, wird dieses ungute Gefühl immer mehr verschwinden.

Schaffst du dies mit diesen Methoden nicht, dann greife zu einer anderen: Schau es dir aus der Distanz an! Mache ein Gedankenspiel und setze dich in die obere Ecke von deinem Zimmer. Schau dir die Episode von oben an. Betrachte die Frau da unten, mit welchen Gedanken sie sich plagt und mit was sie da herumkämpft. Stell diese Sorgen ins Verhältnis zu dem, was du sonst so alles tust, erledigst und schaffst. Wie tragisch ist das wirklich, was die Frau da unten so beschäftigt? Wie schlimm ist dies, bezogen auf die Tatsache, dass du nur ein Leben hast, dass du **jetzt** leben möchtest?

Kommst du dann drauf, dass du zu Recht ein schlechtes Gewissen hast, weil du zum Beispiel nicht zu einem wichtigen Termin gekommen bist, obwohl du es deinem Kind versprochen hattest, dann geh zu deinem Kind und entschuldige dich und mach es wieder gut (nicht mit irgendeinem Geschenk – sondern z.B. mit gemeinsamer Zeit).

Erkennst du jedoch, dass ein schlechtes Gewissen nicht notwendig ist, weil es nur von außen oder von alten Glaubenssätzen herrührt, dann stehe dazu. Sage deinem Kind ganz klar, warum du arbeiten gehst, sage deinem Mann ganz klar, warum du dich weiterbilden möchtest und sage deinem Chef auch ganz klar, dass du zu einer bestimmten Uhrzeit nach Hause gehen wirst.

Am Anfang ist das nicht so einfach, ich werde dir noch ein paar Geschichten erzählen, wie es mir immer so gegangen ist, aber mit der Zeit verflüchtigen sich deine Gewissensbisse immer mehr!

Die Macht der Rituale

Ein wirklich gutes Mittel, dein schlechtes Gewissen im Rahmen zu halten, sind Rituale. Rituale vermitteln Geborgenheit und Verlässlichkeit und geben deinem Kind Sicherheit und Halt. Gleichzeitig verläuft der Familienalltag viel ruhiger, weil ihr euch alle an gewisse Abläufe haltet und nicht immer wieder neue verhandeln müsst.

Das entstresst ungemein und schafft Vertrauen.

Schaffe tägliche Fixpunkte für dich und deine Kinder und halte sie so gut wie möglich ein. So wissen sie, was kommt, und können sich darauf verlassen.

Unser Fixpunkt war immer in der Früh. Ich fing immer erst um halb neun an zu arbeiten. So hatten wir am Morgen genügend Zeit miteinander und keinen Stress. Meine Kinder liebten es, noch gemeinsam eine Weile mit mir im Bett zu liegen, sie tranken ihre Flasche mit dem Grießbrei und ich lag dazwischen.

Ja, sie tranken ihren Brei aus der Flasche und das noch im Kindergarten. Das war so ein Geheimnis, das wir niemandem erzählen durften. Von außen hörte ich immer, dass das den Zähnen schaden würde und sie alt genug wären, den Brei aus dem Teller zu löffeln.

Irgendwann kam ich drauf, dass das sehr viele Kinder in diesem Alter noch taten und die Mütter das ebenso einfach nicht aussprachen. Ich hatte keine Bedenken, dass es den Zähnen schaden könnte. Sie tranken nämlich nur diese Flasche aus und dann legten sie sie weg. Ich gab ihnen nie einen süßen Saft hinein, sondern nur das Frühstück.

Alle waren wir glücklich, ich, weil sie etwas Warmes im Bauch hatten, und sie, weil sie so gemütlich im Bett frühstücken konnten.

Und was die Zähne angeht: Meine Kinder haben keine Probleme damit und Susanne mit ihren nun 19 Jahren hatte noch nie mit Karies zu tun.

Nach dem Frühstücksritual ging es ins Badezimmer und zum Anziehen. Während ich ihnen die Jause richtete, durften sie noch etwas spielen und dann ging es gemeinsam zur Bushaltestelle. Dort warteten wir alle drei, bis der Kindergartenbus kam. Die Kinder stiegen ein und winkten mir zu.
Zum Abschluss kam noch von beiden: „Mama, hab dich lieb!" und fort waren sie.

Dieser Ablauf wurde ganz wichtig für die beiden und seitdem wir das so hatten, gab es keinen Abschiedsschmerz und kein Gejammere mehr.

Als ich, ein Jahr vorher, wieder zur Arbeit zurückkehrte, verlief es am Anfang nicht so reibungslos. Ich war in der Früh immer nervös, weil ich noch nicht so gefestigt war. Ich machte mir selbst Stress, um alles zu schaffen, um pünktlich zur Arbeit zu kommen, und das übertrug ich natürlich auf meine Kids. Sie begannen herumzutrödeln und ich trieb sie zur Eile an.

Chaos war somit vorprogrammiert.

Erst als ich selbst etwas gefestigt war und damit umgehen konnte, dass ich meine Kinder nun alleine ließ, beruhigte sich alles. Das Ritual am Morgen verstärkte diese Ruhe und seitdem gab es keine Probleme mehr. Dadurch wurde auch mein schlechtes Gewissen weniger.

Vertraute Abläufe vermitteln Geborgenheit und Sicherheit und führen zu mehr Selbstvertrauen. Durch Rituale werden Werte und Regeln vermittelt. Die Kinder lernen damit umzugehen, werden selbstsicher und auch konfliktfähig. Baue deshalb unbedingt Rituale in den Tag ein und achte auf einen möglichst genau festgelegten Tagesablauf.

Haushalt ist Frauensache

Obwohl viele Frauen schon berufstätig sind, ändert sich an der Tatsache wenig, dass die meiste Hausarbeit bei den Frauen hängenbleibt. „Das liegt in den Genen", hörte ich immer wieder. „Ihr seid dafür geboren, ihr könnt das viel besser und außerdem seid ihr multitaskingfähig!" Das sind so typische Aussagen von Männern und typische Gedanken von uns Frauen, auch wenn wir es nicht zugeben wollen.

Doch sei doch einmal ehrlich – wie oft passiert es dir, dass du dir denkst: „Der kann das gar nicht richtig. Immer macht er es nur halb. Bevor ich warte, bis er das endlich hinbekommt, mache ich es gleich selbst." Und umgekehrt: Wie oft sagen unsere Männer zu uns, sie seien zu ungeschickt beim Bügeln und Putzen und beim Wickeln müssten sie umfallen. Das sagen sie ja nur, weil sie dazu keine Lust haben. Als ich einmal fragte, warum ich ständig die ganzen Hemden bügeln sollte, bekam ich als Antwort: „Weil du es kannst!"

Na, wer hindert den Mann denn daran, das auch zu lernen? Wurden wir Frauen schon mit dem „Ich kann automatisch bügeln"-Gen geboren? Also, ich erinnere mich daran, dass ich mit 19 von zu Hause auszog, um mit meinem Freund in eine Wohnung zu ziehen. Ich musste alles erst lernen, weil ich im Haushalt zu Hause nicht viel tun musste. Das hieß aber nicht, dass ich ein verwöhntes Kind war und die Hausangestellte hinterhergeräumt hat.

Nein, anstatt die typischen Frauenarbeiten im Haushalt zu erledigen, half ich im Hühnerstall, sortierte Eier, verpackte sie, bediente Kunden, arbeitete von früh bis spät, wenn ich nicht gerade in der Schule war. Ich kam also in diese Wohnung und mein damaliger Freund nahm an, dass ich diese Arbeiten natürlich machen würde, seine Mama hatte das ja auch immer erledigt. Irgendwie übernahm ich dieses Denken sofort, obwohl ich nicht so erzogen wurde: „Die Frau muss das tun".

Es war aber nicht so schlimm, da mein Freund nur Brüder hatte und immer schon im Haushalt half. Er konnte also wirklich gut mit Staubsauger und Co umgehen und half mir, wo er konnte. Nur beim Bügeln wehrte er sich. Das könne er nicht, das hätte er nicht gelernt. Tja, ich auch nicht, also ran an die Hemden.

Ab und zu weigerte ich mich, weil ich nicht einsah, dass ich immer alles bügeln musste. Dann kam die Aussage von ihm, die mich immer kleinbekam: „Dann gehe ich halt so zerknittert in die Firma. Die werden dann alle denken, was der wohl für eine Freundin hat!"

Das saß, ich bügelte wieder brav.

Aber ganz ehrlich. Er hat es wirklich gescheit gemacht und ich ließ es zu. Heute würde ich darauf antworten: „Schatz, da steht das Bügeleisen, du willst ja wohl nicht von mir abhängig sein, oder?"

Das hilft auch – ich habe inzwischen dazugelernt!

Tipp: Überlege dir, ob deine Gedanken zu dem Thema wirklich wahr sind. Sind es deine Überzeugungen? Wir sind oft so von unseren Überzeugungen geprägt, dass wir sie als Realität annehmen. Diese Realität ist für uns so stark, dass wir gar nicht auf die Idee kommen, dass es anders sein könnte.

Sprich mit deinen Freundinnen, schau dir andere Kulturen an, umgib dich mit erfolgreichen Frauen, unterhalte dich in Foren, die es haufenweise gibt. Lass es zu, dass auch eine andere Möglichkeit einer Realität in deinem Denken Platz haben kann. Stell dir die Frage: „Ist das für mich noch wahr?" Sobald du dir diese Frage gestellt hast, wird sich deine Wahrnehmung jeden Tag erweitern und verändern.

„Glücklich oder unglücklich sind wir nicht
durch unsere Lebenslage,
sondern durch unsere Einstellung zum Leben."
Sprichwort aus Indien

Frauen arbeiten mehr als Männer

Das höre ich auch immer wieder und ab und zu war ich auch versucht, meinen Senf dazuzugeben und dem beizupflichten. Das stimmt jedoch so nicht, auch Männer arbeiten sehr viel und wenn man schlicht die Arbeitsstunden miteinander vergleicht, dann arbeiten beide gleich viel (Studie der OECD). Die Frauen leisten nur viel mehr unbezahlte Arbeit, oft arbeiten sie im Beruf nur Teilzeit, um den Haushalt und die Kinder auch noch versorgen zu können. Männer dagegen können sich voll auf ihre Karriere stürzen und sich darauf fokussieren.

Während der Arbeitsmarktwert der Frau so stetig sinkt, steigt der Wert des Mannes, und irgendwann ist er weit vorne und es ist klar, dass die Frau zu Hause bleibt, wenn noch mehr Kinder kommen, da sie ja weniger verdient.

Viele Familien leisten sich keine Reinigungshilfe, weil sie es selbst ja viel billiger machen können. Die Frau macht das ja gratis. Das mag schon stimmen, es wird einiges gespart, aber bleibt am Ende des Monats wirklich mehr Geld übrig? Indem die Frau so viel Zeit mit der Hausarbeit verbringt, kann sie keiner bezahlten Arbeit nachgehen.

Wenn sie das so möchte und sie gerne zu Hause ist und vielleicht auch noch in der Hausarbeit aufgeht, ist ja auch nichts dagegen einzuwenden. Würde sie aber gerne mehr arbeiten, mehr verdienen und hätte sie auch eine gute Betreuung für ihre Kinder, dann wäre es wohl besser, ihre Arbeitszeit zu Hause mit einer Reinigungshilfe zu tauschen. Jemand hätte einen Job und die Frau würde das machen, was sie glücklich macht. Da sie dann zufrieden und glücklich ist, bekommen das der Ehemann und die Kinder zu spüren.

Ja, manchmal kann es sein, dass vom Gehalt der Frau nicht viel übrig bleibt, weil damit die zusätzliche Haushaltshilfe, die Kinderbetreuung und die Fahrt zur Arbeit bezahlt werden müssen, jedoch sollte das langfristig gesehen werden. Was möchtest du?

Wie stellst du dir die Zukunft vor? Möchtest du zu Hause sein, oder möchtest du eine bezahlte Arbeit? Möchtest du vielleicht sogar Karriere machen, unabhängig sein und dich weiterentwickeln? Dann sieh das nicht als Ausgabe, sondern als Investition in deine Zukunft!

Als meine Tochter etwas über ein Jahr alt war, kam eine frühere Arbeitskollegin aus meiner ersten Firma zu mir und erzählte, dass sie kündigen würde. Sie würde die Kündigungsfrist nicht einhalten, weil sie sofort zur neuen Firma wechseln müsse. Das hieß, sie werde den Chefs mitteilen, dass sie nur mehr einen Tag in der Firma wäre. Für sie wäre dieser Schritt leichter, wenn sie sagen könnte, dass ich bereit wäre zurückzukommen.

Ich war 1 1/2 Jahre dort beschäftigt gewesen und fühlte mich damals sehr wohl. Leider brauchten mich meine Eltern zu Hause im Betrieb und so hörte ich auf, obwohl ich nicht gehen wollte. Mir war jedoch immer klar, dass ich die erste Gelegenheit packen würde, wieder zurückzukommen, und so sagte ich Ja.

Ich wusste noch nicht, wie ich das anstellen sollte, Susie war noch so klein und Lukas drei Jahre alt. Ich wollte diese Chance aber nicht verstreichen lassen. Ich bot an, halbtags zu arbeiten, und fragte meine Schwägerin, die selbst gerade in Elternzeit war, ob sie am Vormittag auf Susie achtgeben könne. Lukas kam sowieso in den Kindergarten.

In kurzer Zeit war alles organisiert und montags darauf war ich wieder in Teilzeit zurück in der Firma. Obwohl mir nach Abzug der Kinderbetreuungskosten und Fahrerei nicht sehr viel vom Gehalt übrig blieb, war ich einfach nur glücklich. Ich wusste, es war der richtige Schritt, um meinem Wunsch, Karriere zu machen, wieder näherzukommen. Es war die Investition in meine Zukunft, und ich sollte Recht behalten.

Tipp: Wenn du wirklich etwas für dich tun möchtest, das dir wichtig ist, dann blockiere dich nicht immer mit Aussagen wie: „Das kann ich mir nicht leisten". Ich weiß schon, dass es oft sehr schwer ist, finanziell über die Runden zu kommen, erst recht, wenn du alleinerziehende Mama bist.

Doch mit dem Denken: „Das kann ich mir nicht leisten" fokussierst du immer das Problem und siehst die Lösungen nicht. Auch wenn du im Moment nicht weißt, wie du das alles schaffen sollst, konzentriere dich auf eine positive Affirmation. „Ich schaffe alles, ich komme super über die Runden, alles wird gut ..."

Ich bekam oft vorgeworfen, dass dies Schönrederei wäre, ein Verstecken vor der Realität, ein Flüchten in das positive Denken. So habe ich das nie gesehen und auch nie empfunden. Auch bei mir gab es Phasen, wo der Monat länger war als das Geld. Nach meiner Scheidung, als ich mit meinen beiden Kindern komplett neu anfing, stand ich eines Tages vor dem Geldautomat und bekam gerade noch 20 Euro heraus. Bis zu meinem nächsten Gehalt waren es noch zwei Wochen und kurzzeitig wusste ich nicht so recht, was ich tun sollte.

Mir war das unheimlich peinlich, aber ich wusste, dass es weitergehen wird. Außerdem fühlte ich mich als Versagerin und schämte mich, obwohl das totaler Blödsinn war. Ich hatte neu angefangen, musste die Wohnung neu einrichten, hatte zwei Teenager zu versorgen und vom Ex-Mann war nicht viel Hilfe zu erwarten, der hatte selbst zu kämpfen. Ganz leicht hätte ich meine Freunde um Hilfe bitten oder in der Firma einen Vorschuss beantragen können, aber dafür war ich viel zu stolz. Ich sah das als Schwäche und es passte nicht zu meinem Glaubenssatz, alles allein schaffen zu müssen.

Ich tat also etwas, was ich immer tue, wenn ich Hilfe brauche. Ich gab das nach oben ab. Irgendwie weiß ich ganz bestimmt, dass es da zwischen Himmel und Erde etwas gibt, das uns immer zur Seite steht. Kannst du an so etwas nicht glauben, ist es auch kein Problem, gib es trotzdem ab. Durch das Abgeben machst du dich frei und kannst gelassener mit der aktuellen Situation umgehen. Dein Denken dreht sich nicht nur um die Sorgen und der Nebel kann sich etwas lichten. Außerdem ergeben sich mit dem „Abgeben nach oben" plötzlich andere Lösungsansätze, die du vorher vielleicht nicht gesehen hast.

Bei mir passierte Folgendes: Am nächsten Morgen war plötzlich mein Überziehungsrahmen erhöht. Ohne dass ich bei der Bank darum gebeten hätte, wurde dies von meinem Bankberater gemacht.

Ich war so dankbar dafür und rief ihn natürlich an. Obwohl es mir peinlich war, dass ich mein Konto überzogen hatte, musste ich ihm meine Dankbarkeit zeigen. Er antwortete nur: „Passt schon, ich weiß ja, dass du es schaffst!"

„Der Abstand zwischen Himmel und Erde
ist nicht größer als ein Gedanke."
Sprichwort aus der Mongolei

Hast du den Mutter-Teresa-Komplex?

Zu mir sagte einmal eine Frau, die ich um Hilfe bat, weil ich nicht mehr wusste, wie mein Weg weitergehen sollte: „Du musst nicht immer Mutter Teresa spielen!" Bis dahin war mir gar nicht klar, dass dieses Verhalten mir mehr schadete als half. Ich war ja so selbstlos, so hilfsbereit und so pflichtbewusst. Ich verzichtete auf Ansprüche, die mir zustanden, nur damit es einem anderen besser ging. Wie selbstverständlich übernahm ich alle Arbeiten, alle finanziellen Sorgen, alle Pflichten als Mutter und Ehefrau.

In meiner Kindheit fing das schon an, irgendwie wurde mir dieses Mutter-Teresa-Gen wohl mit der Geburt mitgegeben. „Sei brav, fleißig und immer hilfsbereit – du bist die Vernünftige, du kannst alles usw." Wie selbstverständlich übernahm ich die Sorge um meinen nur um 10 Monate älteren Bruder, der ständig irgendetwas ausheckte. Um meine kleinere Schwester kümmerte ich mich auch und für alles fühlte ich mich verantwortlich. „Ich mache das doch gerne!" sagte ich oft, obwohl ich mir innerlich dachte: „Geh, rutsch mir doch den Buckel runter, eigentlich mag ich nicht!" Dieser Gedanke wurde schnell von mir selbst mit einem schlechten Gewissen bestraft, denn so etwas denkt man ja nicht!

Kommt dir das bekannt vor? Leidest du auch an diesem Syndrom? Dann möchte ich dir eines sagen: Leg es ab! Bevor du dich empörst, möchte ich dir noch etwas sagen: Du darfst ruhig hilfsbereit sein, du darfst dich um deine Mitmenschen kümmern, du darfst natürlich pflichtbewusst sein, aber du brauchst nicht den anderen die Arbeit abzunehmen. Diese Selbstlosigkeit, die wir da so leben, ist oft ein Mangel an Selbstliebe. Wir tun alles für die anderen, nur um geliebt zu werden, ein Danke zu erhalten, Lob und Anerkennung.

Doch meistens kommt das, was wir da säen, nicht so zurück, wie wir es gerne hätten, weil es nicht von Herzen kommt. Wir tun es nicht „freiwillig", auch wenn es dir so vorkommt. Wir tun es, weil wir Erwartungen haben. Das ist nie freiwillig.

Dieses Mutter-Teresa-Syndrom lässt sich, wenn es einmal da ist, nicht so leicht abschütteln. Alles in uns sträubt sich dagegen, wollen wir ja gute Menschen sein, besonders wir Mütter. Für uns ist diese Rolle der Selbstaufgabe wie geschaffen und außerdem haben wir wohl das „Für alle immer da sein"-Gen implementiert bekommen.

Was mir geholfen hat, dieses Syndrom wegzubekommen? Wenn ich wieder kurz davor stand, für andere die Aufgaben zu übernehmen, fragte ich mich: „Was hat das mit mir zu tun?" Tja, und meist kam die Antwort: „Gar nichts!" Also konnte ich mich selbst zurückhalten, tief durchatmen, mich hinsetzen und die anderen machen lassen.

Noch etwas half ungemein: Irgendwann wurde mir bewusst, dass ich dem anderen gar nicht wirklich half. Indem ich ihm alles abnahm, seine Probleme bearbeitete und ihn von allen möglichen Schwierigkeiten fernhielt, konnte der sich nicht entwickeln. Bei meinen Kindern war mir immer klar, dass ich ihnen nicht die Steine aus dem Weg räumen durfte, bei meinen Partnern und Geschwistern vergaß ich das komischerweise immer wieder.

Sei anspruchsvoll!

Eines Tages sagte mein Partner, wir waren erst ein paar Monate zusammen, zu mir: „Du bist eine sehr anspruchsvolle Frau!" (Er meinte das nicht negativ).

Puh, das saß! In Sekundenschnelle kamen alle Denkmuster hoch, die ich so zu diesem Wort „anspruchsvoll" hatte. Meine Assoziationen waren allesamt negativ. Anspruchsvoll? Ich? Heißt das nun, dass ich mit nichts zufrieden bin? Will ich immer mehr und habe keinen Boden unter den Füßen? Bewege ich mich in höheren Sphären und denke ich, dass ich was Besseres wäre?

Zuerst hatte ich wirklich einen kleinen Schock und begann mich zu rechtfertigen, war sauer und bestürzt. Das kleine Mädchen in mir, das sich immer anpasste, um geliebt zu werden, war plötzlich wieder voll da. Ich fühlte mich wirklich nicht gut.

Ich hatte etwa einen Tag daran zu knabbern, bis mir eines bewusst wurde: „Ja, ich bin anspruchsvoll, und das ist gut so!"

Das ist nichts Negatives. Mein Anspruch ist, so sein zu dürfen, wie ich bin – die Zeiten des Verbiegens sind endlich vorbei. Ich möchte ordentlich wohnen, mir immer wieder gute Urlaube leisten, Weiterbildungen machen, einen guten Beruf haben, mit meinen Kindern ein offenes und ehrliches Miteinander pflegen, in einem wirklich tollen sozialen Umfeld leben und das tun, was mir gefällt.

Warum soll ich mich mit weniger zufriedengeben? Warum sollst du dich mit weniger zufriedengeben? Vergiss nie: Du bist es wert!

Sollte deine Situation gerade nicht so rosig sein, dass du dir deine Urlaube leisten oder so wohnen kannst, wie du gerne möchtest, solltest du gerade in einer Situation sein, wo du jeden Euro dreimal umdrehen musst, dann vergiss trotzdem nicht, was du wert bist. Nimm die derzeitige Konstellation an und akzeptiere sie, du kannst sie wahrscheinlich im Moment nicht sofort verändern.

Indem du sie annimmst und trotzdem deinen Wert kennst, lenkst du deine Aufmerksamkeit von den Problemen weg.

Auch ich wohnte nicht immer so wie im Moment. Auch bei mir gab es Zeiten, wo ich nicht wusste, wie es nun weitergehen soll.

Als Österreich damals zur EU kam, ging es mit dem elterlichen Betrieb bergab. Die Konkurrenz war plötzlich zu stark und die Preise fielen in den Keller. Wir hatten zu kämpfen, um über die Runden zu kommen, und die Zukunftsaussichten waren nicht sehr rosig.

Wir wohnten in einem Holzhaus nahe am Wald. Es war nicht sehr gut gedämmt. Im Sommer schwitzten wir wie verrückt und im Winter kamen wir mit dem Heizen nicht nach. Ich hatte mit Ratten zu kämpfen (dazu mehr im nächsten Kapitel) und mit tausenden von Fliegen, da ein Hühnerstall in der Nähe war.

Später zogen wir für ein paar Monate in das alte Haus meiner Oma, das schon längere Zeit unbewohnt war. Da gab es Mäuse (Ratten sah ich, Gott sei Dank, keine mehr) und das Haus war feucht und kalt.

Ja, mein Anspruch hat sich dadurch immens gesteigert, und auch meine Durchsetzungskraft. Für mich war klar, nie mehr in solchen Häusern wohnen zu wollen, und deshalb musste ich langfristig was verändern. Das spornte mich an, half mir, schwierige Zeiten besser durchzustehen und meine Vision von meinem Traumhaus und Traumleben nicht aus den Augen zu verlieren.

Wenn du mit solchen Schwierigkeiten zu kämpfen hast, dann ist es sehr schwer, positiv zu bleiben und den eigenen Anspruch nicht aus den Augen zu verlieren. Doch gerade in so einer Situation ist es umso wichtiger, dich immer wieder daran zu erinnern und dir eine Vision deiner erwünschten Lebensweise vor Augen zu halten.

Wie du das machen kannst? Tagträumen ist eine hervorragende Möglichkeit dazu. Setze dich in die Sonne oder lege dich an einen Platz, an dem du dich wohl fühlst. Träume von dem Leben, das du führen willst. Träume so, als ob du das schon alles hättest. Du bist eine erfolgreiche Frau, wohnst in deinem Traumhaus am Strand.

Das blitzblaue Wasser umspült deine Füße, während du spazieren gehst. Der Sand kitzelt deine Zehen. Du fühlst dich so glücklich und zufrieden. Deine Kinder spielen in deiner Nähe, dein Partner lächelt dir zu. Du spürst einfach nur Glück und Liebe.

Dieses Träumen lenkt dich von deinen momentanen Problemen ab und zaubert dir ein gutes Gefühl. Mit diesem guten Gefühl bist du viel motivierter und kannst Durststrecken viel leichter überstehen.

Stelle dich deinen Herausforderungen

Lange Zeit war mein Motto „Herausforderungen sind die Würze des Lebens" mein ständiger Begleiter.

Immer wenn es schwierig wurde, nahm ich gedanklich einen Salzstreuer zur Hand und würzte meine Aufgabe, die vor mir lag. Dieses „Würzen" ließ mich das, was vor mir lag, mit ganz anderen Augen sehen. Irgendwie wurde es für mich spannender und ich begann, mich darauf zu freuen.

Hatte ich mit Angst zu kämpfen, weil ich mir etwas nicht zutraute, dann dachte ich an die Ratten in unserem Holzhaus.

Ich erzähle dir die Geschichte dazu:

Wir wohnten einmal in einem alten Holzhaus, die Kinder waren noch sehr klein und mein Mann beruflich wieder unterwegs. Eines Tages kam ich mit meinen Kleinen nach Hause, Lukas an der Hand und Susie noch im Maxi-Cosi. Als ich die Tür aufmachte, sah ich eine Ratte über ein Regal in der Küche laufen. Ich schrie los, meine Kinder natürlich auch, ich schlug die Tür zu, lief aus dem Haus, rein ins Auto und ab zu meinen Eltern. Ich dachte, ich würde nie mehr in dieses Haus gehen.

Ganz aufgelöst kam ich bei meinen Eltern an und erzählte, was geschehen war. Mein Papa sah mich an und lachte. Er meinte: „Ja, kaufst dir halt eine Rattenfalle!" Damit war das Thema abgehandelt. Ja, er war schon immer sehr pragmatisch veranlagt.

Ich fuhr also in ein Geschäft, holte eine Falle und unter Aufbringung aller Kräfte, die mir zur Verfügung standen (ich hatte eine Heidenangst vor Ratten), fuhr ich mit meinen beiden Kindern zurück ins Haus. Innerlich zitterte ich vor Angst und war wütend auf meinen Mann, weil er nicht da war.

Meine Kinder brachte ich ins Bett und dann stellte ich die Falle in der Küche auf. Sicherheitshalber verschloss ich die Tür zum Wohnzimmer und setzte mich mit angezogenen Beinen wartend auf das Sofa. Es dauerte nicht lange und die Falle schnappte zu. Es machte einen Lärm und gab ein Gequietsche und ich hörte die Ratte mit der Falle in der Küche hin- und herlaufen. Anscheinend war sie nicht richtig getroffen worden. Zu meiner Angst kam nun auch noch ein Schuldgefühl dazu. Obwohl ich Ratten wirklich hasste, wollte ich sie auch nicht quälen.

Ich rief meinen Mann an und erzählte, dass diese Ratte nun in der Küche hin- und herlief und ich mich nicht traute, die Tür aufzumachen. In meiner Phantasie war diese Ratte so zornig, sie würde über mich herfallen, würde sie mich nur sehen.

Mein Mann fand das äußerst komisch und lachte mich aus. Das war natürlich nicht sehr hilfreich, trug aber dazu bei, dass ich allen Mut zusammennahm und mit einem Besen in der Hand die Türe zur Küche öffnete. Die Falle lag mitten in der Küche, von der Ratte war nichts mehr zu sehen.

Ich beschloss, schlafen zu gehen. Die Falle stellte ich nun im Wohnzimmer auf, die Küchentür ließ ich offen. Da die Schlafzimmer so lagen, dass ich das ganze Wohnzimmer durchqueren musste, und es auf der Seite, wo die Treppe zum Zimmer führte, keinen Lichtschalter gab, stellte ich mitten im Raum einen Sessel hin. So war es mir möglich, von der Treppe auf den Sessel zu steigen und von dort mit dem Besen den Lichtschalter zu erreichen. (An eine Taschenlampe hatte ich nicht gedacht.) Ich wollte ja nicht mitten in der Nacht ohne Licht durch das Wohnzimmer gehen und dort in der Falle vielleicht einer noch irgendwie lebenden, sehr zornigen Ratte begegnen. Da das WC aber auch nur über das Wohnzimmer erreichbar war, musste ich auf alles gefasst sein.

Ich ging also ins Bett, bewaffnet mit einem Besen, und hatte eine sehr unruhige Nacht. Ständig träumte ich davon, dass einige Ratten kämen und sich zu uns in die Betten gesellten, um mich und meine Kinder anzuknabbern. Es war Stress pur und durch jedes Geräusch wachte ich auf.

In dieser Nacht fing ich drei wirklich große, fette Ratten. Ich überwand meine Angst und meinen Ekel, tat, was getan werden musste, und spürte so richtig, wie es war, ins kalte Wasser geschmissen zu werden. Die ganze Angst, die man in diesem Moment hat, und die Fluchtgedanken müssen überwunden werden. Es hätte nichts geholfen, mich zu verstecken, obwohl ich gerne gehabt hätte, dass mein Papa gekommen wäre und für mich diese scheußliche Arbeit gemacht hätte.

Später half mir dieses Ereignis immer wieder, meine Ängste zu überwinden. Wenn ich etwas durchbringen wollte, neue Ideen hatte, vor einem Gehaltsgespräch stand und meine Knie vor Angst schlotterten, dachte ich an die Ratten, die ich erfolgreich bezwungen hatte. Nichts fiel mir danach wirklich wieder so schwer wie diese Rattenfängerei.

Auch du hast sicher schon vieles geschafft und bewältigt. Wenn du Angst vor etwas Neuem hast, dann rufe dir in Erinnerung, was du schon alles erledigt hast, und denke an deine Visionen. Auch Sänger, Schauspieler und Personen, die auf der Bühne stehen, haben mit Lampenfieber zu kämpfen. Was wäre, wenn die sich von ihrer Angst bremsen lassen würden? Sei selbst immer wieder der Star, der die Bühne betritt, und denke daran, was das aus deinem Leben machen kann.

Bist du eine „faule" Hausfrau?

Ich bekam das früher öfter mal zu hören, weil mein Haushalt nicht so war, wie die Person, die das sagte, es haben wollte. Sie wohnte nicht einmal in unserer Wohnung und doch hatte sie das Gefühl, mir immer wieder sagen zu müssen, wie faul ich doch war. Damals hatte ich einen Vollzeitjob und machte mein nebenberufliches Studium. Die Kinder waren zwischen 8 und 10 Jahre alt und auch nicht die Überordentlichsten. Sie spielten gerne und ließen auch alles liegen. Wegräumen war nicht unbedingt das, was sie gerne taten. Ich hatte auch keine Lust, nach einem harten Arbeitstag noch alles aufzuräumen.

Also, bei uns war es nie schmutzig, aber eben oft durcheinander.

Wie oft wünschte ich mir, wie die bezaubernde Jeannie einfach in die Hände klatschen zu können und alles an den Platz zu befördern, wo es hingehörte. Egal wie viel ich dafür tat, es blieb nie lange schön aufgeräumt.

Ich war also die faule Frau und ich gebe zu, es hat mich sehr verletzt, besonders, als ich dann erfuhr, dass dies auch im Dorf, in dem ich wohnte, herumerzählt wurde. Mein schlechtes Gewissen, nicht alles zu schaffen, kam wieder voll zurück und ich versetzte mich selbst in Stress – bis zu dem Tag, an dem ich endlich erkennen durfte, dass das nicht mein Problem war.

Meine Kinder und ich fühlten uns wohl, so, wie es war. Es war gemütlich zu Hause, die Wohnung war nicht steril und es herrschte ein lustiges Durcheinander. Warum sollte ich mich dauernd dafür rechtfertigen, dass ich es nicht so ordentlich hatte, wie es gewünscht wurde? Mir war wichtiger, die Zeit mit meinen Kindern zu verbringen, als ständig aufzuräumen.

Es gibt diese Frauen, die es schaffen, den Haushalt trotz Kindern und Job immer so beisammen zu haben, dass jederzeit jemand zu Besuch kommen könnte. Meine Freundin ist so ein Beispiel.

Egal wann ich vorbeikomme, es ist immer alles komplett ordentlich. Ich bin mir nicht einmal sicher, dass sie dadurch viel Stress hätte, sie hat sogar weniger. Bei ihr ist das irgendwie automatisiert, die Sachen werden sofort immer ordentlich weggeräumt, es gibt da keinen Sessel im Schlafzimmer, der unter einem Kleiderberg nicht mehr zu sehen ist.

Ihr begehbarer Kleiderschrank ist so ordentlich, dass man ihn öffentlich zugänglich machen könnte. Die Kleidung ist Bug auf Bug sortiert und das auch noch nach Farben! Bei mir kann es vorkommen, dass ich nicht einmal mehr weiß, was ich habe, und auch nichts mehr finde. Im Zimmer meiner Tochter ist der Boden manchmal nicht mehr sichtbar, wenn sie kurz vorher nicht wusste, was sie anziehen soll. Die Kleidung liegt verstreut im Bett und auf dem Boden, der Sessel ist zugeschüttet und die Türe geht kaum auf. Ich hab es mir angewöhnt, es dann auch gar nicht zu versuchen, sondern sie einfach zu schließen.

Im Laufe der Jahre konnte ich den Wunsch, immer einen perfekten Haushalt zu haben, ablegen, ich hätte mich sonst selbst in Dauerstress versetzt. Ich wurde sehr gelassen und flippe nur noch aus, wenn ich einen harten Tag hatte und zu Hause über gefühlte tausende Schuhe stolpere, die im Vorraum herumliegen.

Wir haben uns arrangiert. Meine Kinder wissen, dass es mir wichtig ist, dass zumindest die Räume immer so halbwegs aufgeräumt sind, die von überraschendem Besuch gesehen werden könnten. Denn dieses innere Muster konnte ich bis heute nicht ablegen: „Was denkt der von mir, wenn alles so durcheinander ist?"

Kennst du den Stress auch? Hast du auch manchmal das Gefühl, nicht alles zu schaffen, was so erwartet wird? Glaubst du auch, dass dein Haushalt immer tipptopp sein muss?

Solltest du auch immer unter einem solchen Stress leiden, dann frage dich doch einmal, ob das deine Wahrheit ist. Ob wirklich du es bist, die es so sauber und steril haben will, oder ob das eine Erwartung von jemand anderem ist.

Gehört es nicht dir, dann lass es los. Du und deine Familie müsst euch wohlfühlen, alle anderen, die nicht da wohnen, sind komplett unwichtig.

„Die Arbeit läuft dir nicht davon,
wenn du deinem Kind den Regenbogen zeigst.
Aber der Regenbogen wartet nicht, bis du mit der Arbeit fertig bist."
Sprichwort aus China

Du musst nicht perfekt sein!

Es gibt diese perfekten Mütter! Die Mütter, die immer wissen, was die Kinder gerade in der Schule lernen, welche Hausaufgaben sie haben oder welcher Ausflug geplant wird. Sie wissen immer schon ein paar Tage vorher, welcher Test geschrieben wird und wann der nächste Elternabend angesetzt ist. Sie sitzen bei der Hausaufgabe, den Radierer in der Hand, und sind immer da, wenn das Kind nicht weiterkommt.

Diese perfekte Mama war ich nie und trotzdem habe ich perfekte Kinder.

Oft wusste ich nicht, dass sie überhaupt einen Test hatten oder dass eine Schularbeit geschrieben wurde, bis ich dann unterschreiben durfte. Manchmal erfuhr ich erst einen Tag vor einem Ausflug, dass sie wegfuhren, und die Hausaufgaben habe ich nur gesehen, wenn ich mir bewusst Zeit dafür nahm. Die Schultaschen sah ich mir nur an, wenn ich keine Jausenbox mehr fand. Blöd war das nur, wenn Ferien waren und ich gar keine Jausenbox suchte (da konnte es schon vorkommen, dass es dann am Ferienende eine Überraschung gab).

Ich wollte nicht und ich hatte auch keine Zeit und Nerven, jeden Tag bei den Hausaufgaben zu helfen. Ich erzog meine Kinder dazu, alles selbst zu machen, und sie wussten, dass sie kommen konnten, wenn sie Hilfe brauchten.

Wussten sie nicht weiter, dann half ich ihnen (wenn sie mich ließen – meistens wollten sie alles selbst schaffen). Später im Gymnasium, als meine Tochter in Mathe Hilfe brauchte, lernten wir gemeinsam. Lange ging das aber nicht gut, dann flogen die Fetzen. Naja, sie wusste halt immer alles besser!

Mit meinem Sohn machte ich einmal einen Spaziergang, um Englisch zu lernen, weil wir zu Hause fast zu streiten begannen. Diese Szene ist mir noch immer in Erinnerung. Ich war sehr ungeduldig und es machte mich verrückt, dass er nicht verstand, was er lernen sollte.

An der frischen Luft und mit Bewegung konnten wir uns beide beruhigen und das Lernen wurde sogar noch lustig.

Trotzdem belastete es mich immer wieder, dass ich nicht alles so perfekt hinbekam und ich manchmal die Geduld verlor. Ich ärgerte mich über mich selbst und hatte ein schlechtes Gewissen meinen Kindern gegenüber.

Geholfen haben mir dann immer die Gespräche mit meinen Kindern. Ich entschuldigte mich, wenn ich der Meinung war, dass ich ungerecht gewesen war, und erklärte ihnen, warum mir die Nerven durchgegangen waren.

Viele Eltern denken oft, dass sie Schwäche zeigen, wenn sie sich entschuldigen. Im Gegenteil! Du zeigst keine Schwäche, sondern Stärke. Deine Kinder können dich dann viel besser verstehen und lernen selbst, dass mit Fehlern offen umgegangen werden darf. Sie begreifen, dass sie nicht immer „perfekt" sein müssen und dass nicht jeder Tag gleich gut sein muss.

Vergiss nie, dass du einen guten Job machst. Egal ob du berufstätig bist, ob du alleinerziehend bist oder in einer Partnerschaft lebst, egal ob du eines oder mehrere Kinder hast. Du machst einen guten Job und das ist wichtig. Du musst dich nicht mit anderen Müttern vergleichen und du musst nicht immer den besten und schönsten Geburtstagskuchen für dein Kind haben, den du auch noch selbst bäckst.

Statt alles perfekt machen zu wollen, prüfe lieber, was für dich überhaupt wirklich wichtig ist. Vielleicht reicht dir ein einigermaßen aufgeräumtes Zuhause, irgendein Kuchen für das Schulfest und ein durchschnittlicher Kindergeburtstag hat auch noch keinem geschadet. Frage dich immer wieder, wer da eigentlich die Erwartungen an dich hat. Bist es nur du selbst – Glückwunsch, das kannst du ändern! Sind es die anderen und du teilst ihre Erwartungen nicht, dann kann es dir egal sein.

Teil II – Die Sache mit dem bezahlten Job

Nutze deine Möglichkeiten

Wenn man in den verschiedensten Foren liest, dass Frauen Karriere machen wollen, dann laufen ab und zu die tollsten Diskussionen ab: „Das, was du machst, ist ja keine Karriere!", „Du arbeitest ja nur Teilzeit, was willst du da mitreden" usw.

Ich möchte mir hier nicht anmaßen zu sagen, was Karriere zu sein hat. Das soll jede Frau für sich selbst definieren. Du musst nicht unbedingt eine Führungsposition anstreben, um glücklich zu sein. Viele Frauen wollen das auch gar nicht.

Trotzdem werde ich mich in diesem Teil auf das Thema „Karriere im Sinn von Führungsposition" konzentrieren, weil ich da am meisten Erfahrungen habe. Aber ganz egal, ob du Teilzeit arbeiten möchtest oder an eine Selbstständigkeit denkst, meine Anregungen kannst du immer anwenden.

Wir Frauen sind heutzutage sehr gut ausgebildet, haben große empathische Fähigkeiten und lernen schnell. Und obwohl wir oft bessere Noten haben als unsere männlichen Klassenkameraden, hört unser Ehrgeiz irgendwann auf oder wir achten nicht mehr darauf.

Kaum aus der Schule oder Studium beendet, ist für viele Frauen die sogenannte gläserne Decke erreicht. Sie arbeiten fleißig, bilden sich noch immer weiter, aber irgendwie haben die wenigsten den Ehrgeiz, ganz nach oben zu kommen.

Da „oben" ist es ja auch nicht immer ganz einfach, nicht immer ein Zuckerschlecken. Um dorthin zu kommen, braucht die Frau ziemlich viel Durchsetzungsvermögen, um sich durch die Überzahl der männlichen Mitstreiter nicht einschüchtern zu lassen.

Für den Aufstieg ins obere Management sind nicht nur Fachwissen und gute Leistung maßgeblich, ansonsten könnten wir Frauen ja schon längst die Managementebenen fluten, nein, da spielen auch ganz andere Faktoren mit. Der wichtigste Faktor ist wohl die Kommunikation, die wir nicht so anwenden, wie wir es sollten.

Kaum eine Frau sagt wirklich geradeheraus, wie sie sich den Job vorstellt, wie viel sie verdienen möchte und was ihre Ziele sind.
Ich erinnere mich an eine Schulkollegin von mir. Wir waren in der Maturaklasse und begannen uns umzusehen, welchen Job wir wohl nach der Schule angehen werden. Da kam natürlich auch die Frage nach dem Gehalt, das wir gerne hätten. Susanne sagte damals (das war 1992) geradeheraus: „Mindestens 12.000 Schilling (das sind ca. 870 Euro) möchte ich als Anfangsgehalt!" Wow! Das war damals und für meine Verhältnisse sehr viel Geld, ich traute mich das nicht zu sagen, bewunderte sie aber wirklich sehr dafür.

Meine gedankliche Grenze war bei 9.000 Schilling (650 Euro), die ich dann auch erhielt. Ich habe dieses Gespräch mit Susanne nie vergessen, an sie dachte ich immer wieder in der Zukunft, wenn ich vor einem Gehaltsgespräch stand.

Es geht in diesem Teil des Buches nicht darum, ob es für uns Frauen überhaupt wünschenswert ist, Karriere zu machen, oder darum, zu bewerten, was gut oder schlecht ist. Egal, wie du dich entscheidest, Führungskraft oder keine, selbstständig oder angestellt, als Frau hast du es oft schwerer im Beruf als ein Mann.

Nicht, weil der Mann so bevorzugt wird (das mag vielleicht so erscheinen), nein, weil du dir selbst im Weg stehst, deine Möglichkeiten nicht nutzt, er sich einfach besser verkauft und nicht mit solchen Blockaden zu kämpfen hat wie die meisten Frauen.

Deshalb dreht sich der folgende Teil um deinen Job und um dich und gibt dir Impulse, was du verändern kannst, um es leichter zu haben. Die besten Veränderungen sind immer die, die wir bei uns selbst vornehmen (auch wenn die nicht immer ganz einfach sind). Ein gewisses Verhalten oder bestimmte Eigenschaften brauchen dir nur bewusst zu werden, um sie nachhaltig zu verändern.

Am besten funktioniert es, wenn du es als Spiel siehst. Das ganze Leben ist ein Spiel und du bist mittendrin. Entscheide einfach, ob du ein Nebenspieler sein willst, der ständig auf der Ersatzbank sitzt und nur eingesetzt wird, wenn die anderen ihn brauchen, oder ob du die Hauptfigur in deinem Leben bist, die die Spielregeln selbst aufstellt!

Das Geniale an dem Spiel ist, dass du von deinen Kindern wohl am meisten lernen kannst, wenn du es nur zulässt. Beobachte deine Kinder, wie sie spielen, wie sie sich durchsetzen, wie wenig sie sich noch an Vorschriften halten und wie egal ihnen ein Nein in den ersten Jahren noch ist. Wir Erwachsene glauben immer, dass wir den Kindern noch alles beibringen müssen, dabei übersehen wir ganz, dass wir gar nicht viel wissen. Das, was wir zu wissen glauben, ist meist anerzogen und natürlich auch aus Erfahrungen entstanden. Vergiss aber nie, dass wir viele Erfahrungen machen, weil wir eben eine gewisse Denkweise, Vorurteile und Glaubenssätze mit uns herumtragen.

Kleine Kinder haben das noch nicht, sie sind noch frei von all den Zwängen und somit ganz sie selbst. Ich werde dir deshalb auch im folgenden Teil immer wieder aufzeigen, was ich in der jeweiligen Situation von meinen Kindern gelernt habe.

Wenn ich in den nachfolgenden Texten vom „Chef" spreche, heißt das auch gleichzeitig „Chefin", denn die gibt es natürlich auch. Zum besseren und flüssigeren Lesen habe ich mich dafür entschieden, nur die männliche Form zu verwenden.

Mütter, die arbeiten, sind Rabenmütter!

Das ist auch so ein Glaubenssatz, der da immer wieder daherkam, obwohl ich immer wusste, dass dies völliger Blödsinn war. Der Satz kam nicht von mir, sondern aus der Umgebung. „Wie kannst du nur arbeiten gehen und deine Kinder jemand anderem überlassen?", „Du wirst schon sehen, deine Kinder werden es dir heimzahlen!" oder „Die armen Kleinen, die brauchen ja die Mama!"

Wieso sollen sie nur die Mama brauchen? Ich habe meine Kinder immer sehr beobachtet, wenn ich zu Hause war. Mir kam nie vor, dass sie unglücklich waren. Sie freuten sich, wenn ich nach Hause kam, sagten kurz „Hallo" und spielten weiter.

Sie wurden schon sehr früh sehr selbstständig und die Betreuung durch Oma und Kindergarten tat ihnen gut. Sie liebten es, mit anderen Kindern zu spielen, und die Kindergartenpädagogin war eine ganz entzückende junge Frau, die sehr viel mit ihnen bastelte, malte und ihnen Geschichten vorlas. Ich war immer ganz überrascht, was die da alles machten und kreierten. Ich hätte diese Geduld nie gehabt und schon gar nicht diese Einfälle.

Der Typ Frau war ich einfach nie und sie hat das wunderbar kompensiert. Dass sie im Kindergarten betreut wurden, hat meinen Kindern also wirklich nicht geschadet.

Für mich war immer wichtig, dass ich in der Zeit, die ich mit meinen Kindern verbrachte, auch für sie da war. Das hieß nicht, dass ich immer neben ihnen hing wie eine Klette. Nein, sie wussten, dass ich da war und dass sie jederzeit zu mir kommen konnten, wenn sie wollten.

Wir spielten zusammen, kuschelten sehr viel und hatten unseren Spaß, aber trotzdem brauchte jeder von uns dreien immer wieder Abstand und Freiheit.

Ich glaube nicht, dass es einen Unterschied macht, ob die Mama den ganzen Tag zu Hause ist oder nicht. Meiner Meinung nach kommt es auf das Zuhause an, in dem sie aufwachsen. Ist es ein liebevolles Zuhause, fühlen sie sich sicher und geborgen, dann werden sie es locker hinbekommen, wenn sie nicht immer von Mama betreut werden.

Eine wichtige Voraussetzung dafür ist die Ehrlichkeit. Wissen deine Kinder, dass sie sich auf dich verlassen können, dass du ihnen immer die Wahrheit sagst, dann werden sie dir vertrauen und auch keine Angst davor haben, dass du nicht nach Hause kommen könntest. Das ist vor allem in der Anfangsphase wichtig, wenn du wieder arbeiten gehst. Die Kinder müssen wissen, wo du bist und wie lange du weg sein wirst. Halte dich bitte daran!

Wenn du ihnen sagst, dass du spätestens um 15 Uhr zu Hause bist, dann solltest du dann auch da sein. Wenn du hier nicht ehrlich bist und immer wieder sagst: „Ich bin bald da, zu Mittag bin ich zu Hause, heute komme ich schon am Vormittag" usw. und du kommst aber erst am Abend, dann darfst du dich nicht wundern, wenn dein Kind dir irgendwann nicht mehr glaubt. Kinder sind wirklich gescheite Wesen, die verstehen schon, was du ihnen sagst, und sie merken auch, wenn dir etwas wichtig ist und dir gut tut. Wachsen deine Kinder in einer glücklichen Familie auf, dann sind sie auch glücklich.

Fürchtest du dich vor der Macht?

Das Wort „Macht" ist für viele negativ behaftet, besonders für Frauen. Macht heißt aber nicht, dass sie unbedingt missbraucht werden muss. Hast du Macht und Einfluss, liegt es ja an dir, wie du diese einsetzt. Du kannst sie auch für gute Veränderungen verwenden, nicht nur für Kontrolle, Gehorsam und Ausüben von Attacken.

Macht heißt entweder (laut Google One Box):

„Die Möglichkeit oder Fähigkeit, dass jemand etwas bewirken oder beeinflussen kann" oder:

„Die Gewalt, die jemand aufgrund seiner Position oder seines Amtes hat, so dass er über andere bestimmen kann".

Die erste Definition kannst du auch mit Vermögen, Fähigkeit und Autorität gleichsetzen, die zweite mit Herrschaft.

„Macht ist jede Chance, innerhalb einer sozialen Beziehung den eigenen Willen auch gegen Widerstreben durchzusetzen, gleichwie, worauf diese Chance beruht. "
Max Weber

Du allein entscheidest, welche Auslegung für dich passend ist. Jedoch kannst du nur etwas Großes verändern, wenn du diese Macht besitzt.

Deshalb ist es schon sehr vorteilhaft, sie auch anzustreben.

Uns Frauen fehlt jedoch oft dieses Machtbewusstsein, wir sehen diese Macht oft nicht als Chance, sondern als Gefahr, jemand anderen zu verletzen, und das wollen wir nicht. Mit dieser Angst begrenzen wir uns aber selbst.

Ich erinnere mich an meinen Wunsch vor ca. 16 Jahren, die Position meiner damaligen Vorgesetzten zu übernehmen.

Sie war kurz vor der Pension und für mich war es eine Möglichkeit, eine Stufe höher zu steigen und mehr Verantwortung zu übernehmen. Ich wusste, dass ich das könnte, nur wollte ich nicht meine Kollegin übergehen. Sie war doch schon etwas länger da und ich könnte mich ja nicht vordrängen. Was würde sie dazu sagen?

Mit diesen Gedanken blockierte ich mich selbst und ich fragte meine Vorgesetzte nur ganz sanft, ob dies überhaupt möglich wäre. Sie lehnte mit der Begründung ab, dass ich diesen Job nicht machen könne, weil ich ja zwei Kinder zu Hause hätte und somit nicht so lange arbeiten könne, wie sie das immer tat.

Diese Zurückweisung gab mir zu denken, zumal ich wusste, dass ich das sehr wohl konnte, und ich auch der Meinung war, dass man die Arbeit auch anders einteilen könne. Aber so was konnte ich ja nicht meiner Vorgesetzten erzählen, die schon ewig in der Firma war. Ich war erst Anfang 20 und wollte ihr vielleicht sagen, wie man was besser machen könnte?

Ich rang so lange mit mir, bis ein Mann diesen Job bekam. Meine Vorgesetzte war der Meinung, dass ein Mann das besser könne, außerdem würde er nicht ausfallen, weil er ja keine Kinder bekäme. Was lernte ich daraus?

- Sag mit einem bestimmten Ton, was du willst!
- Hast du ein Problem mit dem Gedanken, dass du eine Kollegin überholst, dann sprich mit ihr über deine Wünsche. Wenn sie auch diesen Weg gehen möchte, dann weiß sie, was du willst, und kann sich genauso bewerben. Will sie es nicht, dann ist es zumindest geklärt.
- Lass dich nicht mit dem Kommentar: „Du hast ja Kinder" von deinen Wünschen abbringen. Du alleine weißt, wie die Versorgung der Kinder funktioniert. Das ist ein Thema zwischen deiner Familie und dir und nur ihr könnt das besprechen.
- Macht zu haben, ist nicht negativ, Macht zu haben ist gut – du kannst sehr vielen damit helfen.

- Du bist kein Mädchen mehr! Vertritt deine Meinung, tritt selbstbewusst auf und hab keine Angst, dass dich die anderen „Mädchen" nicht mehr mögen.
- Du musst nicht von allen geliebt werden und du musst auch nicht allen alles recht machen.

Als sich nach ein paar Wochen herausstellte, dass dieser Mann doch nicht so gut für diese Position geeignet war, war ich anders vorbereitet und schnappte mir den Job. (Meine Kollegin wollte ihn sowieso nicht.)

Möchtest du immer beliebt sein?

Wir Frauen neigen dazu, keine Streitigkeiten haben zu wollen. Wir wollen uns anpassen und uns unterordnen, nur um nicht irgendwo anzuecken. Am liebsten suchen wir nach Verbündeten, die uns verstehen und mit uns einer Meinung sind.

Es gibt dann auch noch die Sorte von uns Frauen, die sich bei jedem Kollegen und jeder Kollegin beliebt machen, immer und überall dabei sein wollen, sich privat treffen und für alle die gute Freundin sind. Geht gerade etwas nicht so, wie sie es möchte, dann hat sie genug Anlaufstationen, um ihren Frust auszulassen. Sie wird bemitleidet und in ihrer Meinung unterstützt und der Zusammenhalt tut ihr gut.

Wir lassen oft unseren Frust raus und schimpfen über unsere Kollegen oder Chefs, die einfach nicht sehen wollen, wie es uns gerade geht, die so gemein sind und keine Rücksicht nehmen und die uns auch noch ausnutzen.

Nur leider bringt dieses Ausweinen und Frustabladen meist nur eine kurze Erholung mit sich, du hast es einfach einmal rausgelassen, aber nichts an der Basis verändert! Du hast nicht ehrlich und klar kommuniziert. Es hilft dir nichts, dich bei deinen Kolleginnen und Freundinnen über alle vermeintlichen Ungerechtigkeiten auszulassen, wenn du das nicht mit den Personen besprichst, die da involviert sind.

Lange Zeit tickte ich so ähnlich. Ich war zwar nicht die, die sich alle Kolleginnen um sich scharte, da war ich eher der distanzierte Typ. Es gibt aber auch für mich Freundinnen, denen ich vieles erzähle. Das Reden tut einfach gut. Jedoch machte ich das meiste mit mir selbst aus und sprach Dinge nicht an, die mich störten. Ich bildete mir meine eigene Meinung und dachte, dass irgendjemand wohl einmal merken würde, was ich alles mache und wie loyal ich bin.

Das wird kaum passieren. Wenn du selbst nicht zeigst, was du alles kannst, und Dinge, die dich stören, nicht ansprichst, dann kann es nach und nach zu Missverständnissen kommen. Du erwartest etwas, der andere erfüllt es jedoch nicht. Meist weiß dein Gegenüber auch gar nicht, was du möchtest.

Manchmal entsteht dadurch auch ein ordentlicher Streit. Dein Gegenüber spricht etwas an oder konfrontiert dich mit Fakten, die du so nie gesehen hast. Im ersten Moment findest du vielleicht alles noch sehr gemein und ungerecht, wenn du jedoch bereit bist, deinen eigenen Anteil zu erkennen, kannst du sehr viel daraus lernen.
Irgendwann kommst du dann drauf, dass der andere dich ja nur mit dem konfrontiert hat, was in dir selbst da war. Dein Gegenüber hat es nur ausgesprochen. Deine ganze Unsicherheit und dein „Ja nicht ansprechen, denn sonst bin ich nicht mehr beliebt"-Syndrom entwickelten sich zu einer Blase, die irgendwann platzen musste.

Du musst nicht bei jedem und jeder beliebt sein! Du sollst dich auch nicht anpassen, nur um nicht anzuecken.

- Mach dich nicht kleiner, als du bist.
- Du brauchst dich nicht zu verstecken.
- Klare und ehrliche Ansagen bringen dich weiter.
- Um den Brei herumzureden führt zu Missverständnissen.
- Sprich die richtigen Leute an, alles andere ist Zeitverschwendung und dient höchstens deinem Ego.
- Hör nicht auf Getratsche und bilde dir immer deine eigene Meinung.
- Hinterfrage Gerüchte, bevor du sie weitererzählst.
- Erzähl sie am besten gar nicht weiter.
- Ärgere dich nicht über Dinge, die du nicht verändern kannst.
- Reg dich nicht auf, wenn etwas nicht so läuft, wie du es möchtest – verändere es einfach, oder verändere deine Einstellung dazu.
- Konzentriere dich auf deine Bedürfnisse, Wünsche und Ziele und gib dein Bestes, um diese zu erreichen.

- Immer für alle eine gute und beliebte Freundin zu sein, funktioniert im Arbeitsleben nicht. Du hast es nicht nötig, von allen geliebt zu werden.
- Allen alles recht zu machen, bringt dich in eine Stressfalle, es ist nicht machbar.
- Möchtest du weiterkommen, lerne von deinen männlichen Kollegen – ja, wirklich, du kannst da wirklich was abschauen ;-)

Männer kommunizieren anders als Frauen – muss ich zum Mann werden?

Ich würde hier sagen, „die meisten Männer" kommunizieren anders, denn ich kenne einige, die das so machen, wie es uns Frauen zugesprochen wird. Dafür kenne ich auch Frauen, die typisch männliche Eigenschaften haben, die sie auch wirklich gut ausspielen und einsetzen.

Ich bin der Meinung, dass du nicht zum Mann werden musst. Es gibt schon genug männliche Führungskräfte, Frauen in höherer Position jedoch noch nicht so viele. Wir Frauen haben wirklich super Fähigkeiten für diese Stelle, die wir auch ruhig nutzen können. Oft sind wir viel empathischer, feinfühliger und schätzen Risiken realistischer ein.

Nur ist die Führungsebene in vielen Betrieben noch sehr männlich geprägt und deshalb gelten auch männliche Spielregeln. Für Männer gilt die Rangordnung, Frauen sehen das oft nicht so eng. Sie vernetzen sich untereinander und empfinden es nicht als so wichtig, wer nun die „Anführerin" ist. Für sie ist die Harmonie unter den Kolleginnen und Kollegen sehr wichtig und dafür sind sie auch bereit, sich unterzuordnen und nachzugeben.

Oft habe ich schon gehört, dass sich eine Frau über eine Kollegin ärgerte, jedoch nichts sagte, weil sie nicht anecken wollte. Sie redete sich selbst ein, dass die paar Stunden, die sie miteinander arbeiteten, sowieso schnell vergehen würden. Anstatt das Befremden klar auszusprechen, schluckte sie es immer wieder runter, bis irgendwann sprichwörtlich das „Häferl" überging und eine ordentliche Aggression der anderen gegenüber entstand.

Die Kollegin dagegen merkte zwar, dass die Stimmung von Tag zu Tag schlechter wurde, bezog das aber nicht auf sich selbst, sondern glaubte, dass die andere halt schlecht gelaunt sei.

Irgendwann hatten beide Schuldzuweisungen im Kopf, die jedoch nur entstanden sind, weil sie sich nie ausgesprochen hatten. Als sie das endlich angingen, kamen sie drauf, dass es sich nur um ein Missverständnis handelte.

Wir Frauen sind wirklich gut beraten, ein paar Dinge von unseren männlichen Kollegen abzuschauen. Nicht so zu werden wie sie, denn das halte ich nicht für erstrebenswert, jedoch sollten wir das Verhalten der Männer studieren und einige Dinge auch übernehmen. Das Verbinden vom Verhalten des Mannes mit der weiblichen Energie der Frau ergibt eine tolle Mischung, die für manche Kollegen gefährlich werden könnte.

Du wirst dann plötzlich sichtbar und dadurch auch wahrgenommen! Das verschafft dir Respekt, Anerkennung und auch Gehör.

Das Spiel mit der Rangordnung

Auch wenn in vielen modernen Firmen die Hierarchie schon ziemlich flach gehalten wird, damit Entscheidungen schneller getroffen werden, gibt es doch eine gewisse Rangordnung, in der wir uns noch immer bewegen. Den meisten unserer männlichen Kollegen ist das vollkommen klar und sie verhalten sich auch danach.

Sie lernen das schon in der Kindheit. Jungs raufen und messen sich und irgendjemand wird dann zum Anführer, dem dann alle anderen folgen. Bei uns Mädchen schaut das meist ein wenig anders aus. Wir wollen miteinander spielen und besprechen die Varianten, wie wir was machen wollen. Wir sitzen zusammen und kichern und auch wenn es dominantere Mädchen gibt, gibt es meistens keine klare „Anführerin". Manchmal, wenn dann doch eine den Ton angibt, ist es noch immer nicht gewährleistet, dass sie damit auch durchkommt.

Ich erinnere mich an eine Episode in der ersten Klasse der Volksschule. Im Grunde war ich immer dieses brave Mädchen, sehr vernünftig und anpassungsfähig. Doch eines Tages kam mir in den Sinn, am heutigen Tag alleine an einem Tisch sitzen zu wollen. Meiner damaligen Freundin und Sitznachbarin Helga erklärte ich einfach, dass sie sich heute an einen anderen Tisch setzen sollte. Mir ist noch immer nicht bewusst, wie ich das hinbekam, und einfach so meinen Willen durchsetzte. Helga gab sich geschlagen und begab sich zu einem anderen Tisch.

Ich hatte gewonnen, fühlte mich aber gleichzeitig wie der schlechteste Mensch auf Erden. Ich spürte, dass sie verletzt war, und dieser Gedanke machte mich fast krank. Ich konnte diesen Platz für mich nicht genießen. In der Pause ging ich zu ihr, entschuldigte mich und bat sie wieder zurück zu mir an den Tisch.

Dieses Ereignis prägte mich so sehr, dass ich mich in den späteren Jahren sehr schwer tat, irgendetwas durchzusetzen. Ständig wog ich ab, ob es unbedingt wichtig für mich war und ob ich das irgendwie hinbekommen könnte, ohne jemanden zu verletzen.

Mein Bruder dagegen, er war nur 10 Monate älter als ich, machte sich bei weitem nicht diese Gedanken, die ich mir machte. Wenn er wieder einmal auf Achse war, machte er, was er wollte und was ihm guttat, egal ob meine Eltern dafür oder dagegen waren. Irgendeinen Weg fand er immer, und wenn er aus seinem Fenster steigen musste, um fortzukommen.

Er spürte dann zwar die Konsequenzen, aber das hielt ihn nicht ab, immer wieder die Rangordnung auszutesten.

Im Beruf funktioniert das natürlich ein wenig anders. Widersetzt du dich ständig der Rangordnung, untergräbst du immer wieder die Autorität deines Vorgesetzten, wirst du über kurz oder lang gewesen sein.

Von Schmeicheleien und A…kriecherei halte ich jedoch auch nicht viel. Du sollst dich nicht verstellen und schon gar nicht verbiegen, doch ab und zu hilft etwas Diplomatie. Hast du eine andere Meinung, dann solltest du das auch aussprechen, jedoch macht hier natürlich der Ton die Musik und wo du das sagst. Wenn du deinem Chef vor versammelter Mannschaft in den Rücken fällst und alles besser weißt, darfst du dich nicht wundern, wenn du nicht zur Lieblingsmitarbeiterin erkoren wirst.

„Aber ich hatte ja recht", zählt hier nicht. Du machst dir unnötig das Leben schwer. Du kannst ruhig auf ein Fehldenken hinweisen, Chefs wissen auch nicht alles, aber mach das unter vier Augen und stell sie nicht als Vollidioten hin. Du bist die fachlich gut ausgebildete Mitarbeiterin, die er unbedingt braucht, damit alles funktioniert. Er ist der, der die Verantwortung trägt und dafür zuständig ist, dass die Firma läuft und somit auch du einen Job hast. Er kann nicht alles wissen und schon gar nicht jede operative Arbeit machen, dann hätte er keine Zeit für weitsichtiges Handeln.

Also unterstütze ihn, versorge ihn mit Informationen, die er braucht, sei achtsam und kompetent. Verkaufe dich nicht unter deinem Wert und sei nicht das Püppchen, das man so gerne herumschubst. Du bist eine wertvolle Mitarbeiterin, vergiss das nie.

Dein Chef wird es dir danken, denn wenn er selbst ein starker Mensch mit einem guten Selbstwertgefühl ist, dann hat er es nicht nötig, sich durch schwache Persönlichkeiten stark darstellen zu lassen. Ein kompetenter Chef möchte eine starke Persönlichkeit an seiner Seite haben, auf die er sich verlassen kann, die ihm hilft und zur Seite steht, der er vertrauen kann.

Dadurch wirst du respektiert und auch anerkannt.

Die Frauen denken ja nur an die Kinder, während sie arbeiten ...

... das könnte ein typischer Ausspruch eines Mannes sein, der die Karriere einer Frau verhindern möchte.

Es ist jedoch wirklich eine Zwickmühle, in der sich viele Frauen befinden.

Du gehst arbeiten, dein Kind ist vielleicht krank zu Hause. Du machst dir natürlich Sorgen, ob es gut versorgt ist, ob es etwas braucht, und hast auch noch ein schlechtes Gewissen, weil du nicht zu Hause bist. Das zieht deine geistige Energie von der Arbeit ab und in Gedanken bist du nicht am Arbeitsplatz.

Sind Frauen nun nicht geeignet für eine Karriere?

Sie sind geeignet, wenn sie selbst ein paar wichtige Dinge beachten. Viele Frauen geben auf oder fallen in eine Depression, weil sie nicht alles unter einen Hut bekommen. Sie wollen perfekt sein, zu Hause bei den Kindern, im Haushalt, dem Mann gegenüber und natürlich im Job. Das funktioniert so jedoch nicht. Die Frau ist eine Frau und keine Maschine!

Ich erinnere mich an meine erste Zeit, als ich wieder zur Arbeit zurückkam. Ich arbeitete nur halbtags, weil meine Tochter noch so klein war. Trotzdem schleuderte es mich ständig hin und her. Meine Arbeitskollegin und nun beste Freundin saß mir gegenüber und schnaufte den ganzen Tag. Sie hatte so viel zu tun, der schnelle Abgang unserer vorherigen Kollegin machte ihr zu schaffen und plötzlich hatte sie Aufgaben, die so vorher nicht da waren.

Ich selbst war schnell wieder im Arbeitsablauf integriert, hatte ich doch vorher schon alles gemacht und nach ein, zwei Wochen Einarbeitung hatte ich mein altes Level wieder erreicht.

Eigentlich brauchte ich hier kein schlechtes Gewissen zu haben, weil ich in den vier Stunden, die ich täglich in der Firma war, einiges unterbrachte und erledigen konnte.

Trotzdem hatte meine Kollegin mehr zu tun als vorher und ich bekam das natürlich mit. Obwohl sie das nie wollte und es ihr nicht einmal bewusst war, lud sie ihren Stress bei mir ab, den ich sofort annahm. Ich war ja diejenige, die nur Teilzeit hier war und sie war diejenige, die den ganzen Tag arbeiten musste.

Ging ich also pünktlich aus der Firma, hatte ich ein schlechtes Gewissen meiner Kollegin gegenüber, blieb ich länger, hatte ich ein schlechtes Gewissen meinen Kindern gegenüber. So war ich immer in einer Zwickmühle zwischen Arbeit und Kindern. Irgendwann wurde mir bewusst, dass ich alleine an meinem schlechten Gewissen schuld war. Ich fragte mich, wer denn von mir verlangt, überall perfekt zu sein?

Mir wurde klar, dass ich zu Hause nicht so perfekt sein konnte wie eine Vollzeit-Mama oder eine Vollzeit-Hausfrau, im Gegenzug musste ich mich auch nicht mit meiner Kollegin messen, die keine Kinder hatte. Ich war Mama aus Überzeugung und ich ging arbeiten, weil ich die Arbeit liebte und noch viel vorhatte. Überall gab ich mein Bestes und ab diesem Tag versuchte ich, immer dort zu sein, wo ich gerade war – geistig und körperlich. Wenn ich arbeitete, dann war ich in der Firma, war ich bei meinen Kindern, dann galt meine Zeit ihnen.

Mein Tipp an die berufstätige Mutter:

Mach in der Firma deine Kinder nicht zum Mittelpunkt. Wenn du früher aufhören musst, dann musst du den Grund nicht sagen. Du hast halt einen Termin und musst nicht dein Kind abholen. Das würde ich dir gerade in der Anfangszeit empfehlen, und erst recht, wenn du mit sehr vielen Männern zusammenarbeitest. Das erleichtert ungemein und du wirst als Fachfrau angesehen und nicht nur als Mutter. Wenn du dir später ein gewisses Vertrauen aufgebaut hast und je nachdem, wie deine Chefs und Kollegen ticken, kannst du das wieder ändern.

Wenn du ständig erzählst, wie anstrengend deine Nächte waren, und Fehler, die du dadurch machst, auf diese Belastung zurückführst, dann erntest du mit der Zeit nur Unverständnis und nicht das Verständnis, das du verdienen würdest.

Wie das brave Mädchen lernen kann, sich durchzusetzen

Ich war immer so ein braves Mädchen, es wurde mir so beigebracht. Sei folgsam und brav, dann wirst du belohnt! In der Volksschule hatten wir im Advent einen Adventkalender. Jeden Tag durfte das Kind, das am bravsten war, ein Türchen öffnen. Es gab Tage, da stand ich in der Pause nicht einmal auf und saß ganz brav an meinem Platz, nur um das Türchen aufmachen zu dürfen. Jedoch wusste ich dort wohl auch noch nicht, dass „Bravsein" jeder anders definiert. Die Kinder, die Spaß hatten und die Pause so richtig genossen, durften das Türchen noch vor mir aufmachen.

Da lernte ich zum ersten Mal, dass nur brav zu sein dich nicht weiterbringt. Es sollte jedoch noch sehr lange dauern, bis ich meine Harmoniebedürftigkeit auf die Seite schob und erkannte, dass diese mich eher blockierte als weiterbrachte.

Am meisten habe ich hier sicher von meiner Tochter gelernt. Susanne kam auf die Welt und alles drehte sich um sie. Nicht weil sie so brav war, sondern weil sie so laut schrie. Sie war nicht zu überhören und setzte in den ersten drei Jahren alles lautstark durch, was sie haben wollte. Mein Schwiegervater fragte einmal im vollen Ernst, ob man diese Person nicht irgendwo abstellen könnte. Es war echt anstrengend, aber da kam zum ersten Mal mein Durchsetzungswille so richtig zum Vorschein. Ich wusste, ich musste ihr gegenüber stark bleiben, konsequent und ihr Grenzen aufzeigen, sonst wäre ich verkauft und sie hätte die Führung übernommen.

Wir spielten dieses Spiel fast täglich und hatte sie ihren Wutanfall, reichte irgendwann nur mehr ein Fingerzeig von mir. Sie drehte sich um, bockte in ihr Zimmer und schrie dort weiter. Meine Ohren waren geübt. Ich wusste, wann es nötig war, sie zu trösten, oder wann es besser war, sie eine Weile zu ignorieren.

Durch Susanne lernte ich, mich durchzusetzen, ich wurde stärker, trainierte meine Stimme, wurde ruhiger und auch gelassener.

Als Susie zehn Jahre alt war und wir unseren Neffen bei uns hatten, der durch einen Wutanfall so herumschrie, dass wir im ersten Moment nicht wussten, was wir tun sollten, sagte sie zu mir: „Danke, Mama, dass du damals so stark warst und nicht alles durchgehen hast lassen. Ich wüsste nicht, was ich heute sonst für ein Mensch wäre!"

Sie konnte sich noch genau an ihre Trotzphase und ihre Wutausbrüche erinnern und auch daran, wie viel Zeit sie damit verschwendet hatte (ihre Worte). Obwohl sie mich wirklich ordentlich genervt hat, bin ich ihr einfach nur dankbar. Durch ihre Sturheit brachte sie mich um einiges weiter.

Kennst du das? Hast du auch so ein Kind, das dich so fordert und an deine Grenzen bringt? Du kannst ihm dankbar sein, auch wenn du es gerade nicht sehen kannst. Mach etwas draus. Übe deine Durchsetzungskraft, deine Fähigkeit, Grenzen aufzuzeigen, zeige ihm deine Ruhe, auch wenn du innerlich bebst, und halte an deinen Werten fest. Kinder brauchen Grenzen und sie testen die Grenzen aus, sie schauen, wie weit sie gehen können, wie weit du sie in deinen Bereich lässt und überhäufen dich mit Arbeit, Schuldgefühlen und schlechtem Gewissen.

Natürlich auch mit Liebe, aber das ist ja die schönere Seite. Schau dir bewusst die andere Seite an und mach etwas draus. Deine Durchsetzungskraft und dein kompetentes Auftreten zu üben, kann dir für deinen Job sehr viel bringen. Wir Frauen neigen ja immer wieder dazu, die lieben, freundlichen, zuvorkommenden Weibchen zu sein, die allen alles recht machen wollen. So werden wir dann auch gesehen, nett eben, für eine Führungsposition reicht das jedoch selten.

Strebst du eine leitende Position an, dann brauchst du genau diese Eigenschaften, die du auch für ein stures Kind brauchst. Also übe und trainiere – täglich mit deinem Kind. Es zeigt dir genau, wo es langgeht. Sieh es als Spiel, ein Spiel um die Macht. Wer setzt sich durch, wer gibt den Ton an, wer gestaltet die Regeln? Möchtest du in dieser Liga mitspielen, dann muss dir eines klar sein: Nett sein, gute Ausbildung, Freundlichkeit und Hilfsbereitschaft alleine helfen dir nicht, im Beruf weiterzukommen.

Um ernst genommen zu werden, muss dein Auftreten dementsprechend sein, auch bei deinen Kindern, die sich durchsetzen wollen. Da hilft auch kein: „Daniel, könntest du nun bitte brav sein?" oder ein lächelnder Ausspruch: „Ach, heute ist er halt wieder einmal so hyperaktiv!"

Klare Worte, tiefe Tonlage, bestimmte Ansage ist hier vonnöten, keine Bitte oder piepsende Stimme. Du hast den besten Lehrmeister zu Hause und das täglich! Du brauchst dir keinen teuren Coach zu leisten, du brauchst nur von deinem Kind zu lernen.

Was willst du mehr?

Mach dich sichtbar!

„Lerne schwimmen, statt auf die Ebbe zu warten."
Sprichwort aus China

Beim Selbstmarketing sind wir Frauen viel schwächer als die Männer. Im Laufe der Jahre habe ich mich oft gewundert, wie sich manche Männer verkaufen. Ich habe einige Experten getroffen und mir manchmal überlegt, was an dem dran ist, dass er sich Experte nennen darf und noch dazu dafür wirklich ordentlich Geld verdient.

Oft saß ich in einer Weiterbildung, weil ich dachte, bevor ich dies und jenes machen könne, müsse ich noch diesen und jenen Kurs besuchen. Während des Workshops oder des Seminars fiel mir bereits auf, dass ich das auch können würde. Ich habe es mir nur nicht zugetraut.

Selbstmarketing heißt nicht, dass du dich künstlich verstellen sollst und dich in irgendein „Kleid" pressen sollst, das dir gar nicht passt. Du solltest es auch nicht mit Selbstdarstellung verwechseln, dies wirkt oft nicht sehr überzeugend, außer du bist eine sehr gute Schauspielerin. (Aber auch das geht nicht lange gut.)

Bei Selbstmarketing sollst du deine Stärken und Leistungen betonen und sie auch laut aussprechen. Laut und bestimmt, nicht mit einer Mäuschenstimme und einem Fragezeichen zum Schluss. Es heißt nicht, dass du dich ständig in Szene setzen, Kollegen herabsetzen oder sogar Vorgesetzte unterbrechen musst, um besser dazustehen.

Ich durfte viel lernen in diesen Jahren und ich habe mir einiges von den männlichen „Experten" abgeschaut, trotzdem rate ich davon ab, diese zu imitieren. Du bist eine Frau, Männer gibt es genug! Bleib weiblich, aber schau dir etwas ab, dagegen ist nichts einzuwenden.

So wie Unternehmer ihre Konkurrenten beobachten, schauen, wie die arbeiten, welche Produkte sie verkaufen, wie sie sich verhalten usw. kannst auch du deine männlichen Kollegen beobachten.

Ich würde sogar noch weiter gehen. Du als Mutter und Familienmanagerin hast wahrscheinlich auch meist die Aufgabe, dich um alles zu kümmern, was ihr zu Hause braucht. Du gehst einkaufen, machst einen Termin mit dem Handwerker, gehst zu den Elternabenden, hast mit Ärzten zu tun.

Beobachte, wie ein männlicher Verkäufer die Ware verkauft, wie ein männlicher Lehrer dich über dein Kind aufklärt oder wie sich ein Arzt verhält. Vergleiche sie mit Frauen und erkenne den Unterschied. Natürlich kann man nicht alle über einen Kamm scheren, es gibt auch sehr weibliche Männer und umgekehrt. Nicht alle Männer sind gleich und auch nicht alle Frauen, es lässt sich nur häufig beobachten, dass Männer mehr aus einer Sache machen als wir Frauen. Ich wundere mich oft, wie man von einer Sache so lange reden kann. Ich wäre mit einem Satz und Punkt oder Ausrufezeichen fertig.

Was mich jedoch sehr lange blockierte, war meine Selbstkritik und meine Frage an mich selbst, ob ich denn schon gut genug wäre. Das hindert dich mehr, als es dich weiterbringt. Möchtest du vorankommen, dann musst du ab und zu ins kalte Wasser hüpfen und schwimmen. Wenn du erst mal gesprungen bist, hast du noch immer genug Zeit, um zu lernen. Meist lernst du dann viel schneller als vorher. Das zu lange Warten und das Bedürfnis, noch besser zu werden, führen oft dazu, dass du von jemand anderem überholt wirst.

Ich habe mir deshalb angewöhnt, Posten oder Aufgaben, die mich reizen, anzunehmen, auch wenn ich noch nicht sicher bin, ob ich das fachlich alles hinbekomme. Gerade dann, wenn ich unsicher bin, gebe ich mir selbst einen Ruck und schaue nicht auf das, was ich nicht kann, sondern auf die neue Chance. Manchmal geht das mit ordentlichem Herzklopfen und komischem Gefühl im Magen einher, aber inzwischen bin ich so konstituiert, dass dies eine Art von Vorfreude in mir auslöst, eine gewisse Spannung.

Das kannst du üben. Immer wenn du etwas tun möchtest, du dir aber unsicher bist, frage dich, was denn im allerschlimmsten Fall schiefgehen könnte, was die schlimmste Auswirkung wäre.

Meist kommst du dann drauf, dass das, was passieren könnte, gar nicht tragisch wäre. Wenn du diese Erkenntnis hast, dann gib dir einen Ruck und mach einen Schritt nach vorne. Sieh es als Spiel! Was kannst du schon verlieren? Eigentlich kannst du nur gewinnen, und wenn es am Ende nur eine neue Erfahrung ist.

Das „Ich mach doch nichts Besonderes"-Syndrom

Erst vor kurzem sagte mir eine Frau, wie cool ich doch unterwegs wäre und dass sie mich fast beneiden würde. Ich fragte nach, warum sie das so sehe, und sie meinte: „Du bekommst immer alles auf die Reihe, schaffst alles mit links und ich flippe schon mal aus!" Ha, wenn sie wüsste. Alles mit links war nicht zu schaffen, mir hilft nur immer meine positive Einstellung und die Fähigkeit, mich zu fokussieren, wenn es nötig ist.

Außerdem litt ich sehr lange an dem „Ich mach doch nichts Besonderes"-Syndrom und machte mich selbst ständig kleiner, als ich war. Ich spielte meine Leistungen einfach herunter, das war ja alles nichts, was ich da so machte. Andere könnten das ja auch. Angeber an sich mochte ich noch nie und ich wollte keine Angeberin sein, Menschen, die selbstbewusst auftraten und erzählten, was sie alles geleistet hätten, sah ich lange als Blender an und insgeheim bewunderte ich sie.

Gehörst du auch zu den Frauen, die immer glauben, noch nicht gut genug für irgendetwas zu sein und nichts Besonderes zu leisten? Verkaufst du dich auch noch immer unter deinem Wert? Wenn du ständig sagst: „Ach, lass doch, das war gar nicht so gut!", dann wirst du höchstens ein „Aber sicher, das war super" zurückbekommen, aber auch nicht mehr.

Warum verhalten wir uns so? Meistens steckt ein ganz großes Bedürfnis dahinter, gemocht zu werden. Ich bin nett und brav und falle nicht auf, dann mag mich jeder. Unser Verhalten führt dazu, dass wir auch im Beruf überholt werden, wenn wir das nicht ändern. Männer sprechen einfach eine Gehaltserhöhung an, sobald sie nur eine kleine Aufgabe mehr dazubekommen oder ein Projekt erfolgreich abschließen.

Wir Frauen hingegen überlegen erstmal, ob das nun überhaupt etwas Besonderes war. „Gehört es nicht sowieso zu meiner Aufgabe? Ich werde ja eh bezahlt dafür! Nein, ich kann nicht nach einer Erhöhung fragen, mein Chef wird das schon von selbst machen, wenn er sieht, wie toll ich war …" usw.

Das ganze Programm läuft in unserem Kopf ab und währenddessen hat uns der Kollege schon zweimal überholt. Fang an, deine Leistung zu schätzen und sie selbst anzuerkennen. Dann bist du nicht so von Lob und Anerkennung von außen abhängig. Wenn du weißt, wie gut du bist, dann strahlst du das aus und dein Auftreten verändert sich.

Bescheidenheit hat im Business nichts verloren! Sie mag höflich sein, jedoch auch sehr hinderlich für dein Fortkommen. Dadurch lässt du dir gute Gelegenheiten durch die Finger gleiten. Es ist schade, wenn Frauen, die wirklich fachlich sehr gut sind, sich Chancen vergeben, nur weil sie immer nett und freundlich erscheinen wollen. Du bist ja deshalb nicht unfreundlich oder unhöflich, wenn du sagst, was du möchtest!

Auch hier kannst du von deinen Kindern sehr viel lernen. Beobachte sie, wie sie agieren, und versuche, sie nicht ständig zu bremsen, nur damit sie in ein Bild passen, das du so im Kopf hast. Wenn meine Kinder mir erzählen, was sie alles einmal machen werden, dann unterstütze ich sie und bremse sie nicht mit einem „Ja, aber…!"

Ich erinnere mich an die Zeit, als beide noch sehr klein waren. Lukas war schon immer sehr weltoffen und wenn er was wollte, fragte er danach. Wir lebten auf dem Land und er besuchte jeden Tag seine Freunde. Er klopfte einfach an und war da. Wenn er dann dort, wo er nun zu Besuch war, was wollte, fragte er auch.

Bei mir kam dabei oft dieser alte Glaubenssatz hoch: „Du kannst ja nicht …", und jedes Mal, bevor ich es aussprechen wollte, bremste ich mich. Er tat doch schließlich genau das Richtige. Es ist gut, nach dem zu fragen, was man haben möchte. Ich überlegte mir, woher dieses Denken denn kam, war es meine eigene Meinung oder nur anerzogen? War es meine Wahrheit?

Meistens war es nur eine übernommene Denkweise. Mit dieser Methode konnte ich Stück für Stück meine Glaubensmuster auflösen. Ich lade dich ein: Betrachte deine Kinder mit diesen Augen. Lerne von ihnen und sei bereit für Veränderung.

Du bist etwas Besonderes und du leistest wirklich gute Arbeit. Steh dazu und verkaufe dich nicht unter deinem Wert!

Das Los der Multitaskingfähigkeit

Die Multitaskingfähigkeit habe ich irgendwann als nicht wahr entlarvt und als Druckmittel für uns Frauen erkannt. „Du schaffst ja alles, denn du bist ja multitaskingfähig." „Ja, klar schaffe ich das, du als Mann kannst das natürlich nicht" – dabei klopfen wir uns auch noch stolz auf die Schulter, belächeln den armen Mann, der das nicht hinbekommt, und haben uns schon wieder eine Arbeit aufgeladen, die wir eigentlich nicht wollten.

Und trotzdem, wir Frauen sind ja so stolz auf diese Fähigkeit, die es so gar nicht gibt. Was wir alles schaffen und das alles gleichzeitig! Könnte es nicht sein, dass wir uns da was eingeredet haben? „Wir können alles und das gleichzeitig, der Mann schafft immer nur eines nach dem anderen ..."?

Es kann schon sein, dass wir im Koordinieren besser sind, weil wir es so verinnerlicht haben. Wenn das Baby schreit, die Suppe fast überkocht und es an der Haustüre klingelt, dann bleibt uns nichts anderes übrig, als zu jonglieren. Wir können da nicht einfach sagen: „Zuerst trinke ich meinen Tee!"

Aber haben wir uns da nicht in etwas hineinmanövriert, was uns sehr viel Energie kostet? Auch ich war immer sehr stolz darauf, alles schaffen zu können und in die Stunde so viel zu packen, dass andere schon nach kurzer Zeit aufgeben würden. Und ich ließ mir ein schlechtes Gewissen einreden, wenn der Haushalt neben Job, zwei kleinen Kindern und Studium nicht perfekt war, und glaubte sogar noch, dass ich eben keine gute Hausfrau wäre.

Ja, und? Ist es so wichtig, alles perfekt unter einen Hut zu bringen? Was bringt mir das wirklich? Nur noch mehr Arbeit, noch mehr Verantwortung und noch weniger Zeit für mich selbst! Schritt für Schritt und eines nach dem anderen ist meiner Meinung nach besser als Multitasking. Wenn wir eine Arbeit haben, die Fokus und Sorgfalt voraussetzt, dann sind alle Unterbrechungen, seien es E-Mails, Kalendererinnerungen, SMS, Anrufe usw. nur störend und lenken ab.

Wir sind dadurch nicht schneller und wir schaffen auch nicht mehr, nur weil wir so viel auf einmal und gleichzeitig tun. Wir haben nur das Gefühl, viel zu machen, im Grunde ist das aber der Beginn der Überforderung. Wir beginnen sogar, schneller zu reden, und hören vielleicht nicht einmal mehr richtig zu. Manche reden so schnell, dass nicht einmal mehr die Gedanken hinten nachkommen.

Was kann ich also tun, um fokussiert zu bleiben?

- E-Mail Postfach schließen.
  Es muss reichen, im Büro 2-3 mal am Tag die E-Mails abzurufen und nicht ständig das Einblendfenster im Augenwinkel zu haben. „Oh, eine Mail – wer schreibt denn? Ist es wichtig? Ich lese mal schnell, dauert eh nicht lang …".
- Handy auf lautlos.
  Die wichtigsten Personen wissen, wo ich bin, ich sitze im Büro und da passiert mir nichts. Und sollte bei ihnen ein Notfall sein, dann wissen sie sowieso, wie sie mich trotzdem erreichen können.
- Ein Bitte-nicht-stören-Schild an die Bürotür hängen.
  Wenn du gerade etwas erledigen musst, was sehr wichtig ist und deine volle Konzentration braucht, dann häng doch ein Schild an die Tür. Kläre das vorher mit deinen Chefs und Kollegen ab, damit kein Missverständnis entsteht.
- Aufgabenliste schreiben.
  Da bin ich selbst immer sehr nachlässig, aber wenn ich es dann doch tue, merke ich, wie toll das ist. Ich schreibe mir meine Aufgaben auf, dann sind sie schon einmal aus meinen Gedanken, und dann arbeite ich sie ab. Wenn sie erledigt sind und ich sie durchstreichen kann, ist das ein sehr erhebendes Gefühl.
- Nein sagen.
  Das kann ich inzwischen schon sehr gut. Ich muss nicht überall dabei sein und ich muss nicht alles wissen. Es gibt genug andere Arbeitskollegen und -kolleginnen, die mindestens so gut sind wie ich, wenn nicht sogar besser. Ich bin sehr dankbar dafür und habe damit überhaupt kein Problem.

Der Mann kann das nicht oder Das ist Frauensache!

Wir Frauen sind wirklich gut im Job! Wir managen, organisieren, machen unsere Arbeit meist überperfekt und sind wahre Meister im Jonglieren der Arbeit (Multitasking finde ich ja nicht so gut, wie du schon lesen konntest). Daneben bemuttern wir noch unsere männlichen Kollegen, bringen ihnen Kaffee und unterstützen sie, wenn sie hilflos neben dem Kopierer stehen, weil sich ein Papier verfangen hat. (Anmerkung in eigener Sache: Es gibt auch Männer, die sich selbst den Kaffee ziehen und sehr wohl mit dem Kopierer umgehen können. Ich habe solche Kollegen.).

Aber diese Männer gibt es nur, wenn wir Frauen das auch zulassen, wenn wir nicht ständig selbst denken, dass wir alles besser können und dass dies nun mal Aufgaben der Frauen seien.

Wir haben einen Wasserspender im Büro und wir sind viele Frauen dort. Wenn das Wasser leer ist, wird dieser Behälter getauscht. Es gibt einige Frauen, die das einfach machen, sie hieven dieses schwere Ding da rauf (o.k., so schwer ist es nun auch wieder nicht, es ist machbar).

Ich habe mir das abgewöhnt. Ich mache das nur, wenn sonst niemand da ist, ansonsten bitte ich meine männlichen Kollegen, das zu tun. (Die haben auch gar kein Problem damit – welcher Mann hilft denn nicht gerne einer „bedürftigen" Frau? ;-))

Viele meiner Kolleginnen tun das nicht. „Das kann ich ja selbst, da muss ich keinen holen!" ist so eine typische Denkweise.

So sind wir Frauen oft und dann wollen wir über die Männer schimpfen, die nicht von selbst drauf kommen, dass sie uns helfen könnten, die Kisten mit den vielen Ordnern zu schleppen. Wir lassen sie ja nicht, wir sind ja so gut und können alles selbst. Und obwohl wir alles einfach übernehmen, sind wir dann diejenigen, die sich über diese Männer ärgern.

„Der könnte auch mal anpacken, der sitzt ja sowieso nur im Büro und hat fast nichts zu tun. Der ist sich wohl dafür zu schade" usw.

Natürlich wird er nicht von selbst kommen, das machen die wenigsten. Er hat nämlich wirklich ganz wichtige Dinge zu erledigen, auch wenn er gerade nichts zu tun hat. Doch das Bild muss ja gewahrt bleiben. Nicht alle Männer schaffen es, so alltägliche Sachen zu machen, ohne sich irgendwie komisch vorzukommen.

Es gibt heutzutage tatsächlich noch Männer, denen es peinlich ist, wenn sie „Frauenarbeiten" erledigen sollen. Sie fühlen sich minderwertig. Ein Mann erzählte mir, dass er es wie einen Machtmissbrauch empfand, als seine Frau beschloss, seine Hemden nicht mehr zu bügeln. Sie sagte ihm direkt ins Gesicht, dass er seine Hemden ja einer Bügelfrau geben könnte.

Er schämte sich auch, wenn er die Wäsche von der Wäscheleine nehmen sollte, weil seine Frau mit den kleinen Kindern beschäftigt war und der Regen kam. Nur mit ewigem Hin- und Herschauen, ob wohl kein Nachbar im Freien war, schaffte er es schlussendlich, diese Arbeit auszuführen.

Was für uns Frauen so selbstverständlich ist, kann für einen Mann befremdlich sein, obwohl ich inzwischen wirklich viele Männer kenne, die selbst bügeln, sehr gut kochen und kein Problem haben, den Kinderwagen zu schieben. Es hat sich hier sehr viel geändert, es darf nur noch in das Bewusstsein von uns Frauen treten und wir dürfen lernen, diese Hilfe von den Männern auch anzunehmen.

Im Business kommt da noch dazu, dass sich viele Männer natürlich sehr mächtig vorkommen und das auch sein wollen. Ordner sortieren gehört da halt wirklich nicht zu den Aufgaben, die er sich so vorstellt. Doch auch hier konnte ich schon wirklich tolle Erkenntnisse ziehen. Männer in einer Top-Führungsebene, die auch wissen, dass sie gut sind, haben oft kein Problem, den Damen beim Kartontragen zu helfen. Dagegen sind Männer, die noch in aufstrebender Position und noch nicht so gefestigt sind, bei weitem nicht bereit, dies zu tun. (Wahrscheinlich deshalb, weil sie sich erst positionieren müssen.).

Teil III – So bleibst du in deiner Kraft

Eine gute Mutter sorgt für sich selbst

Wie am Anfang schon erwähnt, geht es in diesem Buch um dich.

In diesem Teil des Buches zeige ich dir nun ein paar Übungen, mit denen du es schaffen kannst, in deiner Kraft zu bleiben – durch Selbstliebe zu dir. Es ist niemandem geholfen, wenn du ständig mit einem schlechten Gewissen herumrennst, mit der Zeit ungeduldig und unausgeglichen wirst und irgendwann allen damit auf den Geist gehst.

Deine Lebensqualität sinkt und damit auch das Glück der Familie und deiner Kinder. Das kann bis zur Krankheit und zum Zusammenbruch führen.

Deshalb: **„Eine gute Mutter sorgt sich auch um sich selbst!"**

Schalte die Gedanken aus – Aktive Entspannung – 2 Übungsbeispiele

Du als Mutter kennst das bestimmt. Tausend Gedanken schwirren durch deinen Kopf und du kommst einfach nicht zur Ruhe. Deine Kinder brauchen dies und das und für die Arbeit musst du noch jenes machen. Einkaufen solltest du noch und aufräumen und für morgen eine Präsentation vorbereiten.

Du kommst automatisch in einen Strudel der Hektik und auch, wenn du die Arbeit getan hast, drehen sich die Gedanken weiter, von Ruhe und Entspannung keine Rede.

Viele raten, dann zu meditieren, und obwohl ich sicher bin, dass Meditieren echt eine tolle Sache ist, weiß ich auch, wie schwer das für viele sein kann, besonders wenn sie dieses ganze Gedankenkarussell im Kopf haben.

Es gibt zwei tolle Übungen, die sehr helfen, dass du von deinen Gedanken loskommst, und zwar sehr spielerisch.

1. Klebe eine Collage

Nimm einen großen Karton oder ein stärkeres, buntes Papier (mindestens A3). Stelle dir eine Frage, z.B. „Was ist für mein Leben wichtig?" Durchstöbere Illustrierte und Zeitschriften und suche dir Bilder aus, die dir zusagen, bei denen du ein gutes Gefühl hast – ohne viel nachzudenken.

Schneide dir diese Bilder aus und lege sie auf den Karton. Schiebe sie hin und her, bis sie ein gutes Gesamtbild ergeben. Dann klebe die Bilder auf das Papier, so, wie es dir gefällt. Verwende vielleicht auch Fotos von dir oder zeichne selbst was dazu. Du kannst auch andere Materialien wie Blüten, Knöpfe usw. verwenden, wenn du magst.

Experimentiere mit den Bildern. Nimm verschiedene Größen, vielleicht auch Wörter oder ganze Sätze.

Betrachte dein fertiges Werk. Lass deine Gedanken fließen, schau, was kommt.

Wie viel Zeit ist vergangen, in der du an nichts anderes gedacht hast? Diese Zeit hast du spielerisch verbracht und den Stress ganz einfach draußen gelassen.

2. Schreibe dir selbst einen Brief!

Setze dich hin und schreibe dir selbst einen Brief. Stell dir einen Augenblick in der Zukunft vor. Sagen wir in fünf Jahren – was möchtest du da erreicht haben? Wo möchtest du dann sein? Was ist dir dann wichtig? Usw.

Nimm einen Kugelschreiber in die Hand und beginne, dir in der Zukunft zu schreiben. Erzähle dir, wie stolz du bist auf dich selbst, dass du das erreicht hast, beschreibe, wie schön es da gerade ist, was du so jeden Tag machst, wie es deinen Kindern geht, wie erfolgreich du bei der Arbeit bist usw.

Lass deiner Phantasie freien Lauf, gib deine ganzen Visionen hinein, schreibe alles positiv. Du hast bereits alles erreicht, was dir wichtig ist und was dir Freude macht. Du kannst auch darin fragen, ob du noch weißt, wie es vor fünf Jahren war, vor welchen Entscheidungen du gestanden hast usw.

Vielleicht erzählst du deinem zukünftigen Ich auch eine lustige Episode von heute, z.B.: „Stell dir vor, heute habe ich mit meinem kleinen Töchterchen Folgendes erlebt …“

Wenn du fertig bist, verziere den Brief noch, wenn es dir wichtig ist, oder lege Fotos dazu oder ein kleines Geschenk für dich und gib alles in ein Kuvert. Schreib deine Adresse drauf und dann verwahre den Brief irgendwo, wo du ihn in fünf Jahren wiederfindest. Fünf Jahre später gibst du ihn dann zur Post und freust dich auf deinen Brief.

In dieser Zeit, während du den Brief schreibst, bist du mit deinen Gedanken bei deinem Brief und bei dir selbst in der Zukunft. Das befreit ungemein vom Stress und macht auch noch Spaß. Du solltest dir aber unbedingt einen liebevollen, positiven, lustigen Brief schreiben. Denke daran, dass du es bist, die ihn in fünf Jahren liest!

In der Zukunft, wenn du den Brief dann öffnest, wirst du erstaunt sein, was da alles drinsteht. Es ist wirklich eine totale Überraschung und oft sehr treffend.

Ich habe das mit meinen Kindern in der Firmgruppe gemacht. Wir haben uns alle einen Brief geschrieben und ihn dann 4 Jahre später abgeschickt. Lukas war sehr überrascht, was der damals 14-Jährige dem 18-Jährigen geschrieben hat. Da stand z.B.: „Du hast hoffentlich nicht mit Rauchen angefangen?" – da hatte der 18-Jährige kurz einmal zu schlucken ;-)

Ich stand damals kurz vor meinem Neuanfang und schrieb mir tröstende Worte und auch sehr motivierende. Ich war mir schon sicher, dass ich alles schaffen könnte, was ich wollte, und ich gratulierte mir selbst in diesem Brief und erinnerte mich auch daran, dass ich mich nie mehr selbst vergessen soll.

Den Brief vier Jahre später zu lesen, tat sehr gut.

Wenn es dir gefällt, dann kannst du ja jedes Jahr einen Brief schreiben.

10 Tipps, um dich immer wieder selbst zu stärken

Haushalt, Kinder, Job, vielleicht auch noch eine Weiterbildung oder ein Geschäftsaufbau, das bringt dich ab und zu an deine Grenzen. Auch wenn du es gerne tust und es dich erfüllt, ist es unbedingt notwendig, dass du dir Ausgleich suchst.

Wir Mütter vergessen oft uns selbst, weil wir ständig im Kopf haben, was noch alles zu tun ist. Von der Arbeit hetzen wir nach Hause, müssen unterwegs noch einkaufen, im Kopf haben wir schon das Abendessen vorbereitet, die Kinder sind abzuholen und, und, und. Viele fragen sich dann, wann soll ich da bitte für mich was tun? Am Abend bist du so erledigt, dass du nur mehr todmüde ins Bett fällst und dankbar bist, wenn du einmal eine Nacht durchschlafen kannst.

Mir ging es genauso. Habe ich mich dann doch einmal aufs Sofa gelegt, fingen die Gedanken an zu kreisen; „Du kannst doch nicht da liegen, du musst ja noch das machen und jenes. Schau doch, wie das Wohnzimmer aussieht, schlafen kannst du später …".

Halte dir bitte immer vor Augen, dass ohne dich fast nichts mehr geht. Wenn du umfällst, depressiv wirst, ins Burnout rutschst, wer macht dann bitte deine Arbeit? Wer versorgt deine Kinder? Wer hört sich ihre Sorgen an und verarztet sie, wenn sie sich verletzen? So gesehen handelst du äußerst fahrlässig, wenn du nur auf alle anderen schaust und dich vergisst!

Da die Zeit einer Mutter sehr begrenzt ist, egal ob sie nun arbeitet oder zu Hause ist, habe ich für dich ein paar Sachen vorbereitet, die nicht sehr viel Zeit in Anspruch nehmen, dir aber unendlich viel Kraft geben können.

1. **Musik**
   Welche Musikrichtung tut dir so richtig gut? Schalte die Musik ein, die dir Schwung verleiht. Dreh die Lautstärke auf und tanze und singe durch die Wohnung.

Das macht auch den Kindern Spaß, die können da gleich mitmachen. Du fühlst dich plötzlich voll beschwingt und hast auch noch Spaß. Ich mache das immer, wenn ich Hausarbeit zu erledigen habe und eigentlich nicht mag. Durch die laute Musik geht alles viel leichter.

2. **5-Minuten-Atmen**

Setze dich hin, schließe deine Augen und beobachte deinen Atem (so schaltest du dein Geplapper im Gehirn etwas zurück). Atme tief ein und aus. Stell dir vor, du atmest die ganze Energie vom Himmel in dich hinein und lässt sie beim Ausatmen durch deinen ganzen Körper fließen. Dann atmest du die ganze Energie von der Erde ein und lässt sie von unten nach oben durchfließen. Beim nächsten Mal Atmen holst du die Energie von oben und von unten, lässt sie in deinem Brustkorb zusammenkommen und lässt sie beim Ausatmen deinen ganzen Körper berühren.

3. **Sonnenlicht**

Merkst du auch, wie viel leichter alles wird, wenn der Frühling kommt und draußen die Sonne scheint? Gerade dann, wenn deine Nächte nicht sehr erholsam sind, weil deine Kleinen noch immer aufwachen oder zu dir ins Bett kommen, ist Sonnenlicht sehr wichtig für deinen Körper und dein Wohlbefinden. Gönne dir immer wieder etwas Sonne! Wenn du glaubst, dass du keine Zeit hast, um spazieren zu gehen, dann setz dich doch für eine Viertelstunde auf den Balkon oder vor deine Wohnung. Du kannst auch das Atmen in der Sonne machen und so gleich zwei wahre Muntermacher miteinander verbinden.

4. **Hände auflegen**

Durch deine Hände fließt sehr viel Energie. Wenn du dein Baby streichelst, beruhigst du es, gibst ihm Liebe weiter und vermittelst Geborgenheit. Nimm deine Hände und leg sie dir selbst auf. Gönne dir jeden Tag 10 Minuten – nach dem Aufwachen oder vor dem Einschlafen –und lege dir selbst die Hände auf.

Es gibt verschiedene Arten und Reihenfolgen. (Ausgleich von Chakren und Meridianen, Harmonisierung deiner Emotionen, deines Hormonhaushaltes und vieles mehr). Man kann sich hier vertiefen und vieles lernen. Ich habe einige Ausbildungen besucht und deshalb möchte ich dir hier raten:

Mach es am Anfang einfach so, wie du es als richtig empfindest, ansonsten kommt dir vielleicht der Gedanke, dass du es nicht kannst, noch mehr darüber lesen musst und nicht dafür ausgebildet bist, und dann fängst du nie an.

Leg dich hin, spür in dich hinein, atme ruhig ein und aus und entspanne dich! Dann lege deine Hände auf. Vielleicht fängst du unter dem Nabel an. Lass die Hände auf dieser Stelle liegen, was spürst du? Wird es warm? Kribbelt es? Tut sich, deiner Meinung nach, gar nichts?

Es tut sich was, auch wenn du nichts spürst.

Mir ging es am Anfang immer so – ich spürte nichts –, aber wohl auch deshalb, weil sich mein Verstand dauernd einschaltete und mir lautstark verkünden wollte, dass ich nicht dafür gemacht bin, so etwas zu spüren. An meinem Glauben hat es mir nie gefehlt. Dass man mit Händen heilen kann, war mir klar, dass man mit Gedanken heilen kann, war für mich logisch, dass es viele Arten gibt, wie man zur Genesung kommt, auch, aber das konnten nur die anderen – nicht ich!

Lass dich nicht beirren, mach einfach weiter, auch wenn du im ersten Moment nichts spürst, es führt auf alle Fälle zur Entspannung und du wirst ruhiger und gelassener.

5. **Mach ein Rendezvous mit dir aus**

Vereinbare einmal in der Woche einen fixen Termin mit dir, an dem du nur für dich da bist. Wenn es dir schwerfällt, dann fang mit einer halben Stunde an und erweitere ihn dann auf mindestens eine Stunde.

Bitte deinen Partner, oder wenn du alleinerziehend bist, eine Freundin, deine Mutter oder andere alleinerziehende Mütter darum, für dich in dieser Zeit auf deine Kinder zu schauen. (Du kannst dich dann revanchieren und machst das für die andere Mutter an einem anderen Tag).

In dieser Zeit machst du das, was dir gut tut! Gönne dir ein Wellnessbad mit einem Glas Sekt oder einen Kinobesuch oder einfach nur einen kleinen, ruhigen Spaziergang. Mach das, was dir gut tut, und lass alle Sorgen draußen.

6. **Take a smile!**

Eines Tages kam ich ins Büro, ging zum Kopierer und sah dort ein Bild mit vielen Smileys auf der Pinnwand hängen: „Take a smile" stand drauf.

Sofort musste ich lächeln und natürlich nahm ich einen Smiley mit in mein Büro.

Die Idee ist super und es dauerte nicht lange, da waren alle Smileys in den Büros verteilt. So einfach und doch so gut.

Ich habe dir ein paar Smileys vorbereitet. Du kannst sie im Bonusteil herunterladen und gleich verwenden!

7. **Und Punkt!**

Das ist eine sehr effektive Methode, wenn du dich gerade mit Sorgen, Vorurteilen, Ärger usw. herumschlägst. Deine Gedanken kreisen nur um diese Probleme und irgendwie geht es dir dabei immer schlechter. „Und Punkt" – die Zauberformel von Thomas Kössner– kann dich davon abhalten, in solchen Gedanken zu verharren, die dir überhaupt nichts bringen.

Wenn deine Gedanken sich wieder im Kreis drehen und sich nicht abschalten lassen wollen, dann sag einfach: „Und Punkt!" Diese zwei Worte leiten sofort eine innere Notbremsung ein und bewirken eine Unterbrechung deiner Gedanken- und Gefühlsspirale, in der du dich gerade befindest. Die Methode ist so simpel, aber sie funktioniert – probiere es einfach aus.

(Könnte sein, dass du am Anfang öfter mal „Und Punkt!" sagen musst, aber das ist o.k. und bringt dich irgendwann sogar zum Lachen.)

8. **Vitamine**
Achte drauf, dass du immer genug Obst und Gemüse zu Hause hast. Wenn ich im Stress bin, dann vergesse ich ab und zu das Essen und dann überkommt mich der Heißhunger und es kann passieren, dass ich dann das Erstbeste nehme, was mir unterkommt. Irgendwann geht es mir dann aber nicht gut, ich werde müde und bekomme auch oft Kopfschmerzen.
Lass es nicht so weit kommen, iss dazwischen immer Obst! Vitamine sind wichtig für dein Immunsystem und heben die Stimmung.

9. **Ausschütteln**
Schüttel alles aus deinem Körper, was dir nicht gut tut. Stress, negative Gefühle, Gedanken, Ärger, Wut. Schüttel jeden Teil deines Körpers ordentlich durch, bis die Belastung verschwindet und du dich wieder frisch und entspannt fühlst.

10. **Das „gespielte" Lächeln**
Wenn dir gerade nicht zum Lachen ist und dir auch meine Smileys nichts helfen, dann verzieh dein Gesicht trotzdem zu einem Lachen. Auch wenn es nicht echt ist, hat es einen tollen Effekt. Es werden über dreißig Muskeln aktiv und sagen deinem Gehirn, dass du nun fröhlich bist. Je höher du die Mundwinkel ziehst, desto größer ist der Effekt. Wenn du dabei noch in einen Spiegel schaust und siehst, wie komisch das aussieht, geht das Lachen ganz von selbst.

Gutes Gewissen üben durch Genusstraining

„Richte deine Aufmerksamkeit auf das Angenehme, dann wirst du das Unangenehme nicht so schwer nehmen."
Dietmar Grössing

Ein schlechtes Gewissen wird immer als unangenehm wahrgenommen. Ich habe dir im ersten Teil schon erklärt, wie du deine Gewissensbisse umwandeln kannst. Das Genusstraining kann dich dabei unterstützen, noch mehr in deine Selbstliebe zu kommen, fürsorglicher zu dir selbst zu werden und somit auch stärker und klarer in deiner Ausrichtung.

Durch das Genusstraining kannst du deine Aufmerksamkeit verändern und auf das Schöne und Angenehme lenken.

„Als Genuss wird eine positive Sinneserfahrung bezeichnet, wo zumindest ein Sinnesorgan beteiligt ist und die mit einem körperlichen und/oder geistigen Wohlbefinden verbunden ist."
Wikipedia

Das Genusstraining hat seine Wurzeln in der Verhaltenstherapie und wird z.B. bei Depressionen, Essstörungen, Burnout u.a. angewendet.

Genießen zu können ist jedoch auch für die Gesunderhaltung sehr wichtig. Befindest du dich lange in dieser Spirale der Opferhaltung, Unzufriedenheit, Jammerei usw., wirst du wahrscheinlich über kurz oder lang krank werden.

Deshalb ist es sehr wichtig, immer wieder innezuhalten und das, was dir Freude und Genuss bereitet, mit allen Sinnen bewusst auszukosten. Das bringt dir Glücksgefühle, Lachen, Entspannung, Leichtigkeit, Wohlfühlen. Wenn du es schaffst, dir täglich Genussmomente zu schaffen, dann schützt du dich erfolgreich gegen negative Auswirkungen der alltäglichen Belastungen, und das trägt erheblich zur Lebensfreude und Zufriedenheit bei.

Genusstraining ist eigentlich ganz einfach

Plane dir 15 Minuten pro Tag ein wie einen wichtigen Termin!

Erlaube deinen Sinnen wieder ...

- aufmerksam hinzuhören (z.B. auf das Rascheln der Blätter in den Bäumen)
- etwas oder jemanden genau anzusehen
- intensiv zu schmecken (z.B. ein Stück Schokolade, lass sie so lange im Mund, bis sie schmilzt, und genieße diesen tollen Geschmack)
- bewusst zu riechen (diese reine Luft nach einem Regen oder die Blumen im Garten)
- lustvoll zu ertasten

Ich habe dir ein paar Beispiele für ein Genusstraining zusammengestellt. Du kannst sie im Bonusteil downloaden. Dazu gibt es auch eine Genussblume, die du dir ausdrucken kannst. Du kannst in jedes Blütenblatt schreiben, was dir gut tut, deine Träume, deine Sachen, die du unbedingt machen möchtest, oder Zitate, die dir etwas bedeuten. Lass deiner Phantasie freien Lauf. Du kannst auch Bilder hineinkleben. Häng sie dann irgendwo auf, wo du sie täglich siehst, damit du es nicht vergisst.

Zum „Hören" fällt mir noch eine Geschichte ein:

Mein damals 3-jähriger Sohn Lukas fragte seinen 5-jährigen Cousin Christopher, der durch ein Fernrohr sah:

„Siehst du was?" Christopher: „Ja!" Lukas: „Was denn?" Christopher: „Ein Geräusch!"

In diesem Sinne: Sieh, höre, fühle, schmecke, rieche und genieße deine Erfahrungen!

Heute ist dein bester Tag!

Das ist wirklich eine tolle Übung, wenn du dich darauf einlässt.

Heute ist dein bester Tag! Es gibt keinen besseren Tag als den heutigen!

Erwischst du dich auch immer dabei, dass du dir sagst:
Das mache ich, wenn …

- die Kinder groß sind,
- ich dieses Projekt fertiggestellt habe,
- ich das nötige Wissen besitze,
- ich einmal mehr Zeit habe,
- ich im Ruhestand bin,
- ich genug Geld habe usw.

Wir haben immer wieder irgendwelche Ausreden, nur um nichts verändern zu müssen. Unser schlechtes Gewissen trägt noch dazu bei und schon fangen wir nicht an.

Im ersten Kapitel habe ich schon geschrieben, dass jeder Anfang mit einer Entscheidung beginnt – du kannst es auch so formulieren: „Gewinnen beginnt mit Beginnen!"

Wenn du nie anfängst, dann kannst du auch nicht erfolgreich werden.

Kennst du das Gefühl? Du stehst mit einem Fuß auf dem Gas und mit dem anderen auf der Bremse. Manchmal ist es wie verhext. Du hast das Gefühl, alles zu geben, und kommst doch nicht weiter. Das nennt man Selbstsabotage.

Auf bewusster Ebene arbeitest du tadellos, aber unbewusst arbeitet irgendeine Kraft gegen dich. Was da dahintersteckt, ist dein eigenes Denkverhalten. Du bekommst immer das, was du denkst.

Als ich das zum ersten Mal hörte, dachte ich mir: „Ja aber, ich will ja reich und unabhängig sein, warum sollte ich mich mit meinem Denken da blockieren?"

Das geht sehr wohl. Bewusst siehst du vielleicht Reichtum und Unabhängigkeit als positiven Begriff, doch unbewusst hast du vielleicht Angst, weniger Freunde zu haben, wenn du reich bist. Da steckt oft ein starker Glaubenssatz dahinter, den du auflösen musst.

Wenn du also immer wieder etwas aufschiebst, dir Ausreden zurechtlegst und irgendwie nicht ins Tun kommst, dann frage dich, was dahinterstecken könnte. Dass du dich selbst sabotierst, merkst du auch, wenn du immer wieder so zwiespältige Gefühle in dir hast. Du willst etwas machen, aber dann doch wieder nicht, du möchtest etwas sein, aber irgendwie auch nicht.

Du kannst alles schaffen, was du dir vornimmst, aber du musst voll dahinterstehen, bewusst und unbewusst. Fange heute damit an!

Gute Gefühle einfach selbst machen

Wie schaffst du es, in die Gänge zu kommen, wenn du dich schlecht fühlst und du dich am liebsten nur verkriechen möchtest? Es gibt da einen tollen Trick:

Erhöhe die Spannung in deinem Körper. Strecke dich, halte den Kopf gerade, gehe schneller! Stell dir einen Skifahrer vor, der gewonnen hat und auf dem Siegerpodest steht. Der steht da wie ein Pfeil! Der hat keine gesunkenen Schultern, keine gebeugte Haltung. Wenn du ein Sieger sein möchtest, dann stell dich auch so hin wie einer!

Wenn du vor einer schwierigen Situation stehst, dann denk an einen Sieger, wie gerade und stolz er da steht. Gib dich so, als gäbe es auf der ganzen Welt keinen anderen, der diese Aufgabe nun so toll bewältigen kann wie du. Du kannst dies in allen Lebensbereichen anwenden und wirst dich mit jedem Mal stärker und besser fühlen. Wenn du dich wie ein Sieger gibst, die Spannung im Körper aufbaust, die Atmung darauf einstellst, dann wird auch deine Stimme ruhiger und dein Auftreten souveräner. Dein Gegenüber wird gar nicht merken, dass du unsicher sein könntest, und du wirst das Gefühl haben, alles zu schaffen.

Das funktioniert wirklich. Ich mache das immer, wenn ich wieder mal nervös vor einer neuen Aufgabe stehe oder irgendetwas machen muss, was mir nicht so behagt. Kritikgespräche z.B. waren ganz lange etwas, was ich nicht mochte.

Wenn du es nicht glauben kannst, dann probiere einmal folgende Aktionen aus und beobachte dich selbst dabei, wie du dich fühlst:

Lass deinen Kopf hängen	-	Halte den Kopf stolz nach oben
Blicke auf den Boden	-	Blicke geradeaus
Die Schultern hängen schlaff herunter	-	Aufrechte und kerzengerade Haltung
Lass deinen Brustkorb einfallen	-	Brust raus, Bauch rein
Flache Atmung	-	Kräftige Ein- und Ausatmung
Mundwinkel ganz weit nach unten	-	Mundwinkel nach oben, strahlendes Lächeln
Kein Muskel ist angespannt	-	Die geballte Faust schießt zum Himmel und …
.. und jetzt sagst du mit kaum hörbarer Stimme: „Ich bin ein Pechvogel!"	-	… du sagst mit deiner triumphalsten Stimme: „Ich könnte platzen vor Selbstbewusstsein!"

(aus: Finde deine Leidenschaft, Dietmar Grössing)

Hast du bemerkt, welchen Unterschied diese geänderte Körperhaltung in deinen Gefühlen auslösen kann? Du schickst eine Reihe neuer Befehle an dein Gehirn und erzeugst augenblicklich bessere Gefühle in dir.

Sei dir bewusst, dass du durch deine Körperhaltung auch deine Gefühle beeinflussen kannst!

5 Schritte, um deine störenden Muster endlich loszuwerden

Jeder Mensch hat einige Blockaden in sich, anerzogene Denkweisen und Glaubensmuster. Wenn sie dich an deinem Weiterkommen und an deinem freien Leben hindern, dann solltest du daran arbeiten und sie loswerden.

Schritt 1: Erkenne sie

Woher kommen diese Programmierungen? Wann treten sie auf? Erst wenn du weißt, woher sie kommen, kannst du sie löschen bzw. umprogrammieren.

Schritt 2: Erkenne die positive Absicht dahinter

Das ist nun vielleicht schwer zu verstehen, doch jeder Aktion liegt eine positive Absicht zugrunde. Du willst dir ja nicht absichtlich Schmerzen zufügen. Ein Beispiel: Du willst mit deinem Chef über eine neue Stundenaufteilung sprechen und hast plötzlich einen Kloß im Hals. Du bringst einfach kein Wort heraus. Die positive Absicht dahinter könnte sein, dass dich dein Gehirn vor einer Abfuhr schützen möchte.

Dein Gehirn arbeitet immer für dich und macht es gut. Bist du nicht damit zufrieden, musst du ihm eine neue Denkweise beibringen.

Schritt 3: Übe Druck aus

Werde dir bewusst, welche schmerzhaften Folgen es haben wird, wenn du nicht mit dem Chef sprichst. Du wirst wahrscheinlich nicht freibekommen und kannst nicht bei der tollen Aufführung deines Kindes dabei sein.

Wir schlagen uns oft mit absurden Dingen herum, nur weil wir Angst vor Zurückweisung haben.

Schritt 4: Unterbrich das Muster, wenn es auftaucht

Wenn ich Angst hatte, zum Chef zu gehen, dann blieb ich kurz stehen, lachte mich selbst aus, fragte mich, was das nun schon wieder sollte, redete mir gut zu und ging einfach los.

Jedes Mal, wenn so etwas auftauchte, tat ich das, und mit der Zeit wurde dieses Muster immer schwächer. Die Angst vor Zurückweisung ist bei mir kaum noch vorhanden.

Schritt 5: Verankere dein neues Verhaltensmuster

Jedes Mal, wenn ich mein Muster unterbrochen hatte, klopfte ich mir danach selbst auf die Schulter und sagte mir, wie stolz ich doch auf mich wäre. Da kam Freude auf und dieses Gefühl war einfach wirklich toll.

Bonusmaterial

Folge bitte diesen Link und melde dich auf der Seite an:

http://www.corneliastessl.at/geschenke/

Du bekommst sofort dein Bonusmaterial um damit zu arbeiten.

Bonuskapitel – Die 5 Schritte zum Erfolg

Herzlichen Glückwunsch und vielen Dank!

Du bist nun am Ende meines Buches angekommen und es ist schön, dass du es bis hierher geschafft hast. Ich hoffe, dass ich dir Freude bereiten und dir hilfreiche Anregungen geben konnte.

Du hast nun einige Impulse erhalten, wie du mit schlechtem Gewissen umgehen kannst, und vielleicht auch eine Erinnerung, dich selbst nicht zu vergessen. Außerdem hast du einige Tricks kennengelernt, wie du im Job als Mutter durchsetzungsfähig und sichtbar wirst und leichter Karriere machen kannst. Mir ist bewusst, dass dies nicht immer so einfach ist, vor allem, wenn deine Kinder noch klein sind.

Es gibt täglich neue Herausforderungen und immer wieder Entscheidungen, die du treffen musst. Ich hoffe, ich konnte dich mit diesem Buch etwas unterstützen, entscheiden musst du aber immer wieder selbst.

Um dich noch ein Stück weiter auf deinem Weg zu begleiten, habe ich dir ein Bonuskapitel zusammengestellt.

„5 Schritte zum Erfolg"

Wenn du diese 5 Schritte zum Erfolg haben möchtest, dann brauchst du nur Folgendes zu tun:

Folge einfach diesem Link und melde dich auf der Website an: http://www.corneliastessl.at/bonus/

Nach der Anmeldung erhältst du sofort Zugriff auf das versprochene Bonuskapitel. Natürlich ist das ohne Verpflichtung und auch kostenlos.

Ich gebe deine E-Mail-Adresse auf keinen Fall weiter, sie ist bei mir absolut sicher. Du kannst dich jederzeit wieder abmelden, wenn dir danach ist.

Wenn du Fragen haben solltest, nutze bitte das Kontaktformular (http://www.corneliastessl.at/kontakt/) und schreib mir eine Nachricht.

Außerdem freue ich mich sehr, wenn ich dich als LeserIn auf meinem Blog (www.corneliastessl.at) begrüßen darf.

Nicht vergessen: *„Ohne schlechtes Gewissen deinen Erfolg genießen!"*

Empfehlenswerte Plattformen für Mütter

Hier möchte ich dir noch drei Plattformen vorstellen, die ich sehr hilfreich finde:

Das Müttermagazin

Hier bekommst du aktuelle Informationen, Berichte und Unterhaltung, die dich interessieren könnten:

https://www.facebook.com/muettermagazin

Die Business-Mamas

Das ist ein Netzwerk von und für selbstständig tätige Mütter in Österreich, eine Informationsplattform inklusive Online-Magazin, ein Werbeportal für Business-Mamas, Sponsoren und branchenrelevante Firmen und ein Sprachrohr für selbstständige tätige Mütter im Feld SVA, WKO und Politik.

www.business-mamas.at und
www.facebook.com/businessmamas

Frauen-Business

Das Frauen-Business arbeitet mit Frauen, die mehr wollen, an Marketing- & Mindset-Erfolgsstrategien.

http://frauenbusiness.biz/
www.facebook.com/FrauenBusiness

www.ingramcontent.com/pod-product-compliance
Lightning Source LLC
Chambersburg PA
CBHW070819180526
45168CB00002B/678